Kurt Thieme

Rainer Fischer
Michael Sostmann
und das SellingPower-Trainerteam

Preisdruck? Na und!

Wie Spitzenverkäufer Preise erfolgreich verhandeln

AVANCE

Bibliografische Information der Deutschen Bibliothek

Die Deutsche Bibliothek verzeichnet diese Publikation in der Deutschen Nationalbibliografie; detaillierte bibliografische Daten sind im Internet über http://dnb.ddb.de abrufbar.

ISBN 3-9810226-0-2

Bestell-Nr. 26-100

Anschrift des Verlags:
Galveigenstr. 7a (Villa Seeblick),
82249 Uffing am Staffelsee
E-Mail: info@Avance-Verlag.de
Web: www.Avance-Verlag.de

Umschlaggestaltung, Layout und Produktion:
AVANCE Werbeagentur, Uffing am Staffelsee

Printed in Germany

Gedruckt auf alterungsbeständigem Papier.

Inhaltsverzeichnis

Einführung

„Hätte ich den geforderten Preis nicht akzeptiert, wäre der Kunde weg gewesen“, ist Burghard Maier überzeugt. Fast die gesamte Handelsmarge hat der Elektrofachhändler bei dem eben verkauften Waschautomaten in der Hoffnung geopfert, sein monatliches Umsatzziel nicht zum vierten Mal in Folge zu verfehlen.

Nicht viel besser ergeht es Karl Stemmle: *„Mindestens drei Aufträge gehen mir pro Woche verloren, weil ich mit den Preisen der Wettbewerber nicht mithalten kann. Wenn das so weitergeht, werde ich mein Jahresbudget nicht erreichen“,* stöhnt der Vertriebsingenieur eines Herstellers hochwertiger Messgeräte. Und fügt hinzu: *„Außer wir bekommen endlich mehr Rabattspielraum von der Geschäftsleitung zugestanden.“*

„Heutzutage kann man nur noch über den Preis verkaufen,“ stimmt Ina Friedrichs zu. Seit immer mehr Wettbewerber aus Fernost nach Europa drängen, wird es für sie immer schwieriger, angemessene Preise für ihre medizinischen Geräte zu erzielen. *„Die Asiaten machen den Markt kaputt,“* meint sie, *„und Besserung ist nicht in Sicht.“* Das ist nicht nur für ihr Unternehmen existenzbedrohend, auch leidet sie persönlich unter dem Preisverfall: Seit ihr variables Gehalt nicht mehr am Umsatz, sondern an den erzielten Deckungsbeiträgen bemessen wird, hat sie fast jeden Monat weniger im Portemonnaie.

Kommt Ihnen das bekannt vor? Machen auch Sie zunehmend die Erfahrung, dass vor allem der Preis über die Vergabe eines Auftrags entscheidet? Müssen Sie immer öfter an die „Schmerzgrenze" gehen, um Aufträge zu erhalten? Werden die Forderungen Ihrer Kunden nach Rabatten und Preisnachlässen von Mal zu Mal dreister? Dann geht es Ihnen nicht anders als Ihren Kollegen.

Der Preisdruck nimmt zu

Wenn wir in unseren Salestrainings die wachsenden Herausforderungen in Verkauf und Vertrieb thematisieren, sind sich die Teilnehmer schnell einig: „Der Wettbewerb ist mörderisch geworden". Und die Entwicklung der globalen Märkte lässt wenig Hoffnung auf Besserung zu. Im Gegenteil: Der Wettbewerb wird noch an Schärfe zunehmen!

In vielen Branchen herrscht schon heute ein gnadenloser Verdrängungswettbewerb. Kein Profi-Einkäufer akzeptiert bei einer solchen Marktsituation noch Listenpreise, und auch immer mehr private Konsumenten beginnen, um Preise zu feilschen. Die Folge:

!

Es wird immer öfter über den Preis verkauft. Das Problem dabei ist, dass damit auch die Unternehmensgewinne sinken.

Rabatte führen in einen Teufelskreis

Dennoch werden die Auswirkungen von Sonderaktionen, deftigen Rabatten und reduzierten „Nachkalkulationen" regelmäßig unterschätzt: Schnell gerät man in einen Teufelskreis, aus dem es kein Entrinnen gibt: Zum einen wird der Eindruck erweckt, der ursprüngliche Preis war überzogen –

und kein Kunde wird dann in Zukunft den regulären Preis akzeptieren. Zum anderen werden die Kunden versuchen, beim nächsten Kauf noch mehr Rabatt herauszuholen, getreu dem Motto: einmal Rabatt, immer Rabatt.

Vorsicht vor den Folgen

Die Folgen sind dramatisch: Imageverlust, Gewinneinbruch, fehlende Rücklagen für Investitionen, Entlassungen... – und möglicherweise sogar der Ruin. Die „Strategie", über den Preis zu verkaufen, ist die wohl geistloseste Form des Unternehmens-Selbstmordes. Aber was soll man machen? Wenn es um den Preis geht, sitzt der Kunde am längeren Hebel, stimmt's? – Weit gefehlt!

!

Auch wenn Einkäufer wie Endverbraucher den Preis so aggressiv wie nie zuvor verhandeln, darf das kein Grund sein, zu resignieren.

Fehlende Strategie gegen den Preisdruck

Als Consultants und Trainer stellen wir immer wieder fest, dass es den meisten Unternehmen und Verkäufern offensichtlich an praktikablen Strategien gegen den wachsenden Preisdruck mangelt. Wer im Verdrängungswettbewerb überleben will, muss seinen Kunden individuellen Nutzen, einen subjektiven „Mehrwert" bieten. In Verkauf und Vertrieb bedeutet das, sich einen Verkaufsstil anzueignen, der im Hyperwettbewerb funktioniert:

- Bieten von individuellem Kundennutzen
- Ehrliches Beziehungsmanagement für den Aufbau eines Vertrauensverhältnisses
- Exzellentes Kommunikationsverhalten und hohe Verhandlungskunst

Dieses Buch möchte Ihnen Mittel und Wege aufzeigen, wie Sie die Chancen in Preisverhandlungen konsequent und – ganz im eigentlichen Sinne des Wortes – gewinnbringend nutzen. Anhand zahlreicher Praxisbeispiele zeigen wir Ihnen, wie Sie auch mit knallharten Einkäufern und Schnäppchenjägern zurechtkommen.

Mit Preisverhandlungen ist es wie mit vielen Dingen im Leben: Wenn man weiß, wie es geht, scheint alles ganz leicht zu sein.

!

Wir sind überzeugt, dass Sie durch die Anwendung der in diesem Buch beschriebenen Verhandlungstechniken nicht nur preisstabiler verkaufen, sondern zugleich Ihre Abschlussquote erhöhen und wieder mehr Spaß am Verkaufen haben werden. Damit Sie größten Nutzen aus diesem Buch ziehen, empfehlen wir Ihnen, es als eine Art Trainingsprogramm zu nehmen. Auf diese Weise wird das Buch zu Ihrem „persönlichen Coach", der Ihnen bei Ihren Preisverhandlungen mit vielen Anregungen zur Seite steht. Der Aufbau erlaubt Ihnen, neues Wissen schnell aufzunehmen und sicher im Alltag anzuwenden:

Erstellen Sie Ihr eigenes Trainingsprogramm

- Schlüsselaspekte mit Seitenverweisen zu Beginn jedes Kapitels ermöglichen Ihnen, sich auf die Informationen zu konzentrieren, die für Sie von Bedeutung sind.
- Anhand realer Dialoge aus Verkaufsgesprächen erfahren Sie, welche Kommunikations- und Verhaltensweisen hilfreich bzw. hinderlich sind.

- Viele Praxisbeispiele zeigen Ihnen, wie Sie die Tools erfolgreich in die Praxis umsetzen.
- Zahlreiche Checklisten sowie Zusammenfassungen am Ende eines jeden Kapitels ermöglichen Ihnen, Wichtiges schnell aufzunehmen und zu einem späteren Zeitpunkt gezielt zu wiederholen.

An dieser Stelle noch ein Hinweis: Wir bitten unsere Leserinnen um Verständnis, dass wir uns aus Gründen der leichteren Lesbarkeit entschieden haben, bei den Berufsbezeichnungen geschlechtsneutral von Kunden, Einkäufern und Verkäufern zu sprechen. Selbstverständlich sind aber immer beide Geschlechter gemeint.

Danksagung

Natürlich möchten wir auch nicht versäumen, all jenen zu danken, von denen wir in den vergangenen Jahren lernen durften. Also vor allem unseren Kunden, Trainingsteilnehmern und Kollegen. Stellvertretend für die vielen, die uns darüber hinaus bei diesem Buchprojekt unterstützt haben, möchten wir uns ganz besonders beim Selling-Power-Trainerteam sowie bei den „hilfreichen Händen" der Thieme Training Unternehmensberatung bedanken. Ein herzliches Dankeschön gilt unseren Familien für ihre Begleitung und ihr Verständnis für unser hohes berufliches Engagement.

So, nun wünschen wir Ihnen viel Freude beim Lesen – und viel Erfolg bei Ihren zukünftigen Preisverhandlungen.

1. Kapitel:

Warum es sich lohnt, Preise durchzusetzen

Die Ursachen wachsenden Preisdrucks

Keine Frage: Verkaufen ist heute so schwierig wie nie zuvor. Der Verhandlungston der Einkäufer nimmt weiter an Schärfe zu. Die Anzahl der Rabatt fordernden Privatkunden wächst von Tag zu Tag. Damit nicht genug: Der Preisdruck wird weiter zunehmen. Was macht uns da so sicher? Beispielsweise folgende Fakten:

Preis als einziges Differenzierungsmerkmal

- Austauschbarkeit der Produkte: Es wird zunehmend schwieriger, einen innovativen Vorsprung vor den Wettbewerbern zu halten. Produkte und Dienstleistungen gleichen sich immer mehr an. Aber je vergleichbarer Produkte und Dienstleistungen werden, desto stärker rückt der Preis als einziges Differenzierungsmerkmal in den Mittelpunkt der Kaufentscheidung.

Es wird zunehmend über den Preis verkauft

- Konkurrenten mit aggressiver Preispolitik: Wer über volle Lager verfügt und seine Maschinenparks nicht auslasten kann, wird fast zwangsläufig niedrigere Preise zur Absatzstimulierung einsetzen. Auch im harten Kampf um Marktanteile wird oft gezielt über den Preis verkauft. Geringere Erlöse, so das Kalkül, sollen durch steigende Absatzzahlen kompensiert werden. Auch neue Wettbewerber agieren beim Markteintritt mit einer Niedrigpreis-Strategie.
- Verschärftes industrielles Einkaufsverhalten: Um im gnadenlosen Wettbewerb Gewinne erzielen zu können, ist konsequentes Kostenmanagement erforderlich. Durch aggressiv ge-

führte Verhandlungen wird versucht, die Einkaufspreise zu drücken. Zur Motivation der Einkäufer ist es inzwischen üblich, variable Gehaltsanteile an die Erreichung von Preisreduktionen zu koppeln.

Kostendenken lässt Preisdruck steigen

- Preissensible Privatkunden: Ermutigt durch entsprechende Presseberichte und Erzählungen am Stammtisch, hat die „Schnäppchen-Kultur" in allen Gesellschaftsschichten Einzug gehalten. Zunehmend spielt dabei auch das Internet eine entscheidende Rolle, indem es Angebots- und Preisvergleiche erleichtert und beschleunigt.

„Schnäppchen-Kultur"

- Wachsende Macht der Kunden: Der Kunde von heute kennt seine Nachfragemacht und setzt sie auch selbstbewusst ein. Verstärkt wird der Trend zum Feilschen durch das Gefühl der Konsumenten, immer weniger im Portemonnaie zu haben.

Trend zum Feilschen

Vor diesem Hintergrund wird deutlich:

Der Kampf um den Preis wird in Zukunft noch erbitterter geführt.

!

Doch keine Sorge: Jeder kann Strategien und Verhandlungstechniken erlernen, mit denen er auch in Zukunft erfolgreich verkauft. Nehmen Sie den wachsenden Preisdruck sportlich: Als Ansporn noch besser zu werden. Natürlich ist der Weg zur Meisterschaft in der Preisverhandlung nicht mühelos. Aber der Einsatz lohnt sich. Für Ihr Unternehmen – aber vor allem auch für Sie selbst.

Preisdruck als Herausforderung nehmen

Rabatte – leichtfertig verschenkter Gewinn

Die Gewinne schrumpfen

In den letzten zwanzig Jahren hat sich die durchschnittliche Umsatzrendite europäischer Unternehmen auf rund 5% mehr als halbiert. Was ist passiert? Der Gewinn eines Unternehmens berechnet sich nach der Formel:

!

Gewinn = (Menge x Preis) – Kosten.

Daraus folgt, dass man im Grunde genommen nur an drei Stellschrauben drehen kann, um Gewinne zu sichern oder zu steigern: Die Absatzmenge ausweiten, den Preis erhöhen (oder zumindest stabilisieren) sowie die Kosten reduzieren.

Bei der Kostenreduktion haben die meisten Unternehmen in den vergangenen Jahren zweifellos viel erreicht. So weit, so gut. Das Erschreckende

Wie Rabatte den Gewinn schmälern

Rabatt in Höhe von...	**Der ursprüngliche Bruttogewinn beträgt... 5%**	**10%**	**15%**	**20%**
	...führt zu einer Verringerung des Gewinns um...			
2,0%	40,0%	20,0%	13,3%	10,0%
3,0%	60,0%	30,0%	20,0%	15,0%
4,0%	80,0%	40,0%	26,6%	20,0%
5,0%	100,0%	50,0%	33,3%	25,0%
7,5%	Verlust	75,0%	50,6%	37,5%
10,0%		100,0%	66,6%	50,0%
12,5%		Verlust	83,3%	62,5%
15,0%			Verlust	75,0%

ist aber, dass dieser Sparerfolg beim Preiskampf meist wieder aufs Spiel gesetzt wird. Schließlich wirken sich Preisnachlässe sofort und dramatisch auf den Gewinn eines Unternehmens aus. Wer bei einem Rohertrag von 10% des Umsatzes den Preis um 5% senkt, verliert die Hälfte seines Gewinnes! Das lässt sich auch durch Mehrumsatz kaum kompensieren: Das Unternehmen müsste durch die Preisreduktion doppelt so viel verkaufen, um den Ertragsverlust wieder wettzumachen (siehe Tabellen auf den Seiten 14 und 15).

Rabatte haben dramatische Wirkungen

Gleiches gilt für Nachlässe: Den Auftrag vor Augen werden schnell einige Prozentpunkte Rabatt gewährt. Und bei den Zahlungskonditionen kommt man dem Kunden ein weiteres Mal entgegen. Was für den Verkäufer „nur ein paar Euro" zu sein scheinen, kann die Gewinne dramatisch in den Keller fallen lassen. Oder sogar zu Verlusten führen.

So viel Mehrumsatz müssen Rabatte bringen

Rabatt in Höhe von...	Der ursprüngliche Bruttogewinn beträgt... 5%	10%	15%	20%
	...verlangt einen Mehrumsatz von...			
2,0%	66,6%	25,0%	15,4%	11,1%
3,0%	150,0%	42,8%	25,0%	17,6%
4,0%	400,0%	66,6%	36,4%	25,0%
5,0%	nicht möglich	100,0%	50,0%	33,3%
7,5%		300,0%	100,0%	60,0%
10,0%		nicht möglich	200,0%	100,0%
12,5%			500,0%	166,6%
15,0%			nicht möglich	300,0%

Beispiel

Reinhold Huber ist Verkaufsingenieur eines Unternehmens für technische Gebrauchsgüter. Es wird für ihn immer schwieriger, angemessene Preise zu realisieren. Früher, als die Kunden noch nach Preisliste kauften, erzielte das Unternehmen einen Bruttogewinn von rund 15% des Umsatzes. Doch die Zeiten sind vorbei: Inzwischen liegt der Bruttogewinn bei nur mehr 10%. Der durchschnittlich gewährte Nachlass (inklusive Skonti) beträgt derzeit rund 6%.

Heute verhandelt Huber mit dem technischen Einkäufer eines langjährigen Stammkunden das aktuelle Angebot. Sein Verhandlungspartner macht ihm klar, dass die allgemeine Wirtschaftslage eine deutliche Kostenreduktion verlange. Er fordert eine Reduktion des Angebotspreises um 15%. Huber erwidert, dass er einen solchen Preis nicht machen könne und verweist auf die gute Zusammenarbeit der letzten Jahre. Nachdem der Kunde erklärt, dass er günstigere Wettbewerbsangebote vorliegen habe, gibt Huber nach und gewährt 10% Nachlass.

Der Einkäufer nickt zufrieden. Huber glaubt, den Auftrag sicher zu haben. Irrtum: Der Einkäufer macht nun die Zahlungskonditionen zum Thema. Nach ein paar Minuten sind 3% Skonto bei einem Zahlungsziel von 30 Tagen ausgehandelt sowie Lieferung frei Haus. Huber ist dennoch zufrieden: Er erhält den Auftrag!

Kennen Sie solche Beispiele aus Ihrer eigenen Verkaufspraxis? Wahrscheinlich zur Genüge. Eigentlich scheint alles okay zu sein. Ist es aber nicht! Verkaufsingenieur Huber hat in nur wenigen Minuten den (geplanten) Bruttogewinn seines Unternehmens um sage und schreibe 70% geschmälert! Wieso? Nun, bei einem Nachlass von 6% erzielt das Unternehmen einen Bruttogewinn von 10%. Huber hat aber den Preis um insgesamt 13% reduziert. Daraus errechnet sich für diesen Auftrag ein Bruttogewinn von nur mehr 3%!

Nun ließe sich einwenden, dass der Nachlass ja erforderlich war, um den Auftrag nicht an den Wettbewerb zu verlieren. Ein Auftrag mit wenig Gewinn ist allemal besser, als gar kein Auftrag. Das ist wohl wahr. Stimmt aber die Prämisse? War der Rabatt wirklich unumgänglich? Wir wissen nicht, ob der Einkäufer geflunkert hat, als er von günstigeren Wettbewerbsangeboten gesprochen hat. Und wir wissen auch nicht, ob er tatsächlich wechselwillig gewesen wäre. Fakt ist: Es wurde ein Großteil des Gewinns verschenkt – ohne großen Widerstand zu leisten.

Dazu eine Frage an Sie: Was ist Ihrer Meinung nach die zentrale Aufgabe für Mitarbeiter in Verkauf und Vertrieb? (**STOPP:** Bitte erst antworten, dann weiterlesen.)

____

____

____

____

Was haben Sie geantwortet? Kundenorientierung? Das ehrt Sie. – Umsatz erzielen? Das kommt der Sache schon näher, ist aber dennoch falsch. – Deckungsbeiträge erwirtschaften? Volltreffer! Ihr

Primäres Unternehmensziel ist Gewinn!

Ziel ist es, Umsatz zu bestmöglichen Konditionen zu erzielen. Schließlich ist das primäre Ziel eines Wirtschaftsunternehmens Profit!

Kommen wir noch einmal auf das Fallbeispiel zurück: Wie wir gesehen haben, hat Reinhold Huber leichtfertig auf Profit verzichtet. Dabei haben wir noch nicht einmal berücksichtigt, dass er seinem Kunden eine beträchtliche Summe Geld zinslos geliehen hat. Und zwar für 30 Tage, denn diesen Zeitraum hat er als Zahlungsziel akzeptiert. Genau genommen handelt es sich also um einen Kundenkredit, der dem Unternehmen Liquidität entzieht.

Zahlungsziele sind zinslose Kundenkredite

In jedem Fall bedeutet dies eine finanzielle Belastung für den Arbeitgeber von Huber: Entweder verfügt die Firma über ausreichend Liquidität, dann verzichtet sie auf Habenzinsen, oder sie muss sich das Geld gegen Schuldzinsen selbst leihen. Auch wenn im Einzelfall solche Zinsbeträge nicht sehr hoch erscheinen mögen, so ergibt sich im Jahresverlauf eine ansehnliche Summe, die den Unternehmensgewinn deutlich schmälert. Außerdem bedenken viele Verkäufer nicht, dass das Unternehmen dem Kunden in der Regel die Mehrwertsteuer noch mitleiht. Schließlich wartet der Staat mit seiner Steuerforderung nicht, bis der Kunde die Rechnung beglichen hat.

Doch das ist immer noch nicht alles: Mit seiner Zusage, die Ware frei Haus zu liefern, hat Huber weiteres Geld verschenkt. Vom geplanten Bruttogewinn in Höhe von 10% des Umsatzes ist nun fast nichts mehr übrig.

Merken Sie etwas? Hier ein Prozentpunkt, dort noch einer und so weiter: Rabatte, Skonti, Boni, versteckte Kundenkredite – all das kostet Ihr Unternehmen bares Geld. Nicht selten fressen die Finanzierungskosten eines Unternehmens die Hälfte des Gewinns auf. Also aufgepasst!

Kein Mensch erwartet von Ihnen, dass Sie betriebswirtschaftlich so fit sind wie der Finanzdirektor Ihres Unternehmens. Wir möchten Sie an dieser Stelle nur für Sachverhalte sensibilisieren, die im Verkauf oft nicht die erforderliche Aufmerksamkeit erhalten. Nicht zuletzt, weil die Auswirkung eines Nachlasses oder Zahlungsaufschubs unterschätzt wird. Ein Großteil der Verkäufer kennt nicht einmal den genauen Wortlaut der Zahlungsbedingungen, geschweige denn, wie sich ein Zahlungsziel auf die Gesamtsituation auswirkt.

Auswirkungen von Konditionen werden vernachlässigt

So gesehen verwundert es nicht, dass die meisten Verkäufer mehr Zeit und Energie einsetzen, ihren Chef zu den Zahlungskonditionen, die der Kunde fordert, zu überreden, als umgekehrt den Kunden von den Vorstellungen des Unternehmens zu überzeugen.

Übrigens: So dramatisch die Gewinne durch das Gewähren von Nachlässen einbrechen, so dramatisch steigen sie auch, wenn es gelingt, höhere Preise durchzusetzen. Bereits ein Prozentpunkt weniger Rabatt bringt einem Unternehmen mit

Geringerer Rabatt steigert Gewinne überproportional

20 Millionen Euro Umsatz einen zusätzlichen Bruttogewinn von 200.000 Euro. Das ist bei einer bisherigen Gewinnspanne von 5% des Umsatzes ein Gewinnzuwachs von immerhin 20%! Kleine Ursache, große Wirkung!

Wie profitieren Sie selbst von einer professionellen Preisverhandlung?

Von niedrigeren Rabatten profitieren ganz offensichtlich Ihr Unternehmen, also das Management, die Eigentümer oder die Aktionäre. Und wo bleiben Sie? Haben Sie ganz persönlich auch einen Nutzen davon, wenn Sie dem Preisdruck standhalten? Und ob! Wenn Sie die Strategien und Tools, die in diesem Buch vorgestellt werden, anwenden, dann profitieren Sie von folgenden Vorteilen:

Sie verdienen mehr

- **Sie erzielen ein deutlich höheres Einkommen.** Je erfolgreicher Sie Preisverhandlungen führen, desto höher fallen Ihre Provisionen aus, insbesondere wenn Ihr variabler Gehaltsanteil vom erzielten Deckungsbeitrag abhängt. Uns sind Fälle bekannt, bei denen Außendienstmitarbeiter ihr Gehalt fast verdoppeln konnten!

Höhere Abschlussquote!

- **Sie schließen mehr Gespräche erfolgreich ab!** Sicherlich haben auch Sie schon Aufträge verloren, weil ein Wettbewerber günstiger angeboten hatte. Wenn Sie Ihre Preise in Zukunft überzeugender argumentieren, dann werden Sie den einen oder anderen Auftrag selbst dann gewinnen, wenn Sie nicht der billigste Anbieter

Praxistipps

„Gewinnorientiert verkaufen"

- Lernen Sie, sicher mit Zahlen umzugehen. Scheuen Sie sich nicht, in Preisverhandlungen einen Taschenrechner zur Hand zu nehmen. Prüfen Sie Berechnungen seitens des Kunden stets auf ihre Richtigkeit.
- Vorsicht vor zu schnellen Zugeständnissen, wenn ein Kunde auf Grund höherer Abnahmemengen zusätzliche Rabatte fordert. Rechnen Sie erst in Ruhe aus, wie viel Nachlass Sie gewähren können, ohne dass die Profitabilität des Kunden sinkt.
- Stärken Sie Ihr Rabattbewusstsein, indem Sie anhand einiger Beispiele errechnen, wie sich Nachlässe und verschiedene Zahlungskonditionen auf die Gewinnsituation Ihres Unternehmens auswirken.
- Informieren Sie sich bei Ihrem Verkaufsleiter bzw. Controller über die Gewinnsituation bei den verschiedenen Produktkategorien.

Falls Sie selbst ein Verkaufsteam leiten:

- Informieren Sie Ihre Mitarbeiter ausführlich über die Gewinnsituation bei den verschiedenen Produkten und Dienstleistungen. Erklären Sie auch die Folgen von Rabatten und verschiedener Zahlungskonditionen anhand konkreter Beispiele.
- Sorgen Sie für eine plausible Preispolitik und unterrichten Sie Ihre Mitarbeiter, falls sich Vorgaben oder Prioritäten ändern.
- Prüfen Sie, ob das bestehende Vergütungssystem Ihre Verkäufer motiviert, in Preisgesprächen gewinnorientiert zu verhandeln.

sind. Auch das macht sich für Sie sofort bezahlt. Beispielsweise durch steigende Provisionen oder durch Prämien, die Ihr Unternehmen am Jahresende – abhängig vom erzielten Gewinn – ausbezahlt.

Den eigenen Wert erhöhen

- Sie profitieren stärker von Gehaltserhöhungen! Je mehr Umsatz und Deckungsbeitrag Sie erwirtschaften, um so wertvoller werden Sie für Ihr Unternehmen. Unterschätzen Sie diese Tatsache nicht. Schließlich steigen damit Ihre Chancen auf eine überdurchschnittliche Gehaltsentwicklung oder auf interessante Zusatzleistungen (Incentives).

Nur die Besten werden befördert

- Sie erhöhen Ihre Karrierechancen! Wer sich dank herausragender Ergebnisse für neue Aufgaben empfiehlt, für den ist der nächste Karrieresprung schon fast vorprogrammiert, sei es im eigenen Unternehmen oder bei einem neuen Arbeitgeber.

Eigene Stärke erleben

- Sie steigern Ihre Zufriedenheit und Ihre Selbstachtung! Ist es nicht ärgerlich, wenn sich nach einem Verkaufsgespräch das Gewissen meldet: „Da hast Du Dich aber wieder einmal über den Tisch ziehen lassen..." Und wie schön ist es, sich über den Verkaufserfolg rundum zu freuen, weil man hart, aber fair verhandelt hat.

Freude am Beruf

- Verkaufen macht Ihnen mehr Spaß! Viele Verkäufer empfinden hart verhandelnde Kunden als unangenehm – und am liebsten würden sie diesen Zeitgenossen aus dem Weg gehen. Wer aber weiß, wie man mit Preisdrückern erfolgreich umgeht, verliert die Angst vor ihnen und stellt fest: Eigentlich gibt es gar keine „schwierigen“ Kunden!

- Ihr Ansehen und Ihre natürliche Autorität wächst! Wenn Sie nachhaltige Erfolge vorweisen können, erhalten Ihre Ideen, Vorschläge und Meinungen mehr Gehör. Bei Mitarbeitern und Kollegen gleichermaßen wie bei Vorgesetzten. Schließlich sind Sie es, der weiß, wie das Business läuft und der viel zum Gewinn des Unternehmens beiträgt!

Ihr Wort gewinnt an Gewicht

- Sie verschaffen sich bei Ihren Kunden Respekt! Die Regel Nummer 1 der Einkäufer lautet: Einmal Rabatt, immer Rabatt. Wer bei Nachlassforderungen nicht einknickt, schafft sich im Umgang mit Stammkunden einen strategischen Vorteil für die nächsten Preisgespräche. Darüber hinaus erarbeiten Sie sich den Ruf, ein selbstbewusster und aufrechter Verhandlungspartner zu sein.

Leichtere Folgeverhandlungen

- Sie sichern Ihren Arbeitsplatz! Wer zu den Besten seines Fachs gehört, ist für jedes Unternehmen unverzichtbar. Strategiewechsel hin, Restrukturierungen her.

Sicherheit für die Zukunft

Und so weiter. An dieser Stelle können wir mit der Aufzählung abbrechen: Sie haben längst erkannt, dass Sie von professionellen Verhandlungstechniken in vielerlei Hinsicht profitieren, stimmt's?

Checkliste
Auswirkungen von Nachlässen und Zahlungszielen

	ja/nein	Maßnahme
Kennen Sie die Bedeutungen der betriebswirtschaftlichen Begriffe wie Fixkosten, variable Kosten, Deckungsbeitrag, Liquidität...?		
Ist Ihnen klar, welche verschiedenen Arten von Nachlässen und Konditionen Sie auf Basis der Preispolitik Ihres Unternehmens gewähren können?		
Wissen Sie genau über die Auswirkungen von Nachlässen, Boni, Skonti und Zahlungszielen auf den Gewinn Bescheid?		
Ist Ihnen bekannt, wie viel an welchen Kunden und Produkten verdient wird?		
Können Sie den maximalen Rabatt errechnen, den Sie bei Erhöhung des Auftragsvolumens gewähren dürfen, ohne dass die Gesamtprofitabilität darunter leidet?		
Ist Ihnen bekannt, wie viel Mehrumsatz Sie brauchen, um einen zusätzlichen Nachlass auszugleichen?		

	ja/nein	Maßnahme
Vereinbaren Sie mit Kunden stets eindeutige Zahlungskonditionen, die keine „Missverständnisse“ oder Interpretationsspielräume offen lassen?		
Wenn Sie verlängerte Zahlungsziele gewähren – planen Sie dann die mit diesem Kundenkredit verbundenen Kosten und Risiken mit ein?		
Sprechen Sie Ihre Kunden freundlich, aber bestimmt darauf an, wenn die Zahlungseingänge nicht mit den vereinbarten Konditionen übereinstimmen?		

Zusammenfassung

- Seien Sie sich bei Preisverhandlungen stets bewusst: Der Preis ist wichtig, aber selten kaufentscheidend.
- Nehmen Sie den wachsenden Preisdruck als Ansporn, ein Meister Ihres Fachs zu werden.
- Als Verkäufer werden Sie nicht für den Umsatz, sondern für das Erzielen von Deckungsbeiträgen bezahlt.
- Auch kleine Rabatte können einen Großteil des ursprünglichen Gewinns auffressen.
- Vorsicht vor versteckten Nachlässen bei Zahlungs- und Lieferkonditionen.
- Standfestigkeit im Preisgespräch zahlt sich in vielerlei Hinsicht auch für Sie persönlich aus. Beispielsweise durch ein höheres Einkommen, mehr Freude am Verkaufen und einen sicheren Arbeitsplatz.

2. Kapitel:

Mit Überzeugung Preise verhandeln

Keine Angst vor harten Preisverhandlungen

Der Feind sitzt im Kopf

Es gibt etwas, das unangenehmer als der härteste Einkäufer ist, schlimmer als jeder noch so trickreiche Preisdrücker: Angst! Hätten Sie gedacht, dass der größte Feind der erfolgreichen Preisverhandlung nicht in einem Sessel Ihnen gegenüber, sondern in Ihrem Kopf sitzt? Hier drei typische Fälle, wie sie täglich vorkommen:

Beispiele

Nathalie Späth erklärt vor einem Kundengespräch: „Das wird ein heißer Tanz: Dieser Kunde ist ein harter Verhandler. Ohne Rabatt geht da nichts!“ – Schon bald nach der Gesprächseröffnung fragt der Kunde nach dem Listenpreis. Die Stimme von Nathalie Späth zittert ein wenig, als sie den Betrag nennt. Wie von ihr erwartet, fordert der Kunde einen deutlichen Nachlass. Späth geht sofort auf die Vorstellungen des Kunden ein. Nach dem Gespräch verkündet sie stolz: „Auch wenn mich mein Chef wegen dieses Rabatts rüffeln wird, bin ich zufrieden. Ich habe es mir schlimmer vorgestellt...“

Szenenwechsel: Es ist heute schon der dritte Kunde, der Michael Roth ein „zu teuer!“ entgegenschleudert. Obwohl er versucht, sich zu beherrschen, merkt man ihm an, dass er sauer ist. „Dann kommen wir eben nicht zusammen“, meint er und beendet das Gespräch. Beim nächsten Kunden fällt die Begrüßung ziemlich kühl aus. Im Gespräch wirkt Roth lustlos, ohne Engagement. Nach dem Gespräch gesteht er: „Am liebsten würde ich für heute Schluss machen...“

Drittes Beispiel: Lothar Sailer fasst ein Angebot nach. Auf die Frage, wie es dem Kunden gefallen habe, antwortet dieser knapp: „Gar nicht. Mir scheint, das Angebot soll wohl ein Witz sein." „Am Preis können wir auf alle Fälle noch etwas machen", versichert Sailer sofort. „8%, vielleicht etwas mehr, müsste ich in der Firma schon durchbringen." Es beginnt eine längere Preisverhandlung. Am Ende sind es fast 15% Nachlass geworden...

Wahrscheinlich schütteln Sie jetzt den Kopf und denken: „Wie kann man sich nur so verhalten?" Aber bevor wir jetzt vorschnell den Stab über diese Verkäufer brechen: Alle drei standen unter gehörigem Umsatzdruck. Natürlich kann und darf dies keine Entschuldigung sein, aber es macht das Verhalten der Verkäufer verständlicher.

Preisverhandlungen sind Stress

Mal ganz ehrlich: Ist Ihnen nicht auch schon mal etwas Ähnliches passiert? Ja? Dann geht es Ihnen wie den meisten Verkaufsberatern: Laut einer aktuellen Befragung geben 82% aller Verkäufer zu, dass sie sich in Preisverhandlungen gestresst und unter Druck fühlen. Die Angst vor dem „zu teuer" ist mal mehr, mal weniger zu spüren, aber sie ist allgegenwärtig. Das ist nicht weiter verwunderlich, schließlich bedeutet ein Scheitern in der Preisverhandlung stets auch ein Scheitern des gesamten Geschäfts. Solche Versagensängste sind Gift für die Konzentrations- und Leistungsfähigkeit. Aus der Psychologie wissen wir:

Stress ist der Leistungskiller Nummer 1.

!

Denn bei Stress wird mit Hilfe von Hormonen das Großhirn „abgeschaltet". Es stehen uns dann nur zwei grundlegende Verhaltensalternativen zur Ver-

Stress beeinträchtigt das Denken

fügung: Angriff oder Rückzug. Was im Steinzeitalter überlebensnotwendig war, um in Gefahr sofort kampf- oder fluchtbereit zu sein, erweist sich heutzutage als wenig hilfreich – vor allem in der Preisverhandlung!

Stressbedingte Verhaltensweisen

Wie sich das in der Praxis auswirkt? Manche rechtfertigen den Preis wortreich und reden den Kunden in Grund und Boden. Andere reagieren aggressiv, fallen dem Gesprächspartner ins Wort oder schlüpfen in die Rolle des "Oberlehrers". Wieder andere geben schnell nach, um einer harten Preisdiskussion aus dem Weg zu gehen. Kurzum: Menschen reagieren ganz verschieden auf Stress. Nur eines bleibt immer gleich: Je stärker der Druck, desto eher reagieren wir mit Angriffs-

Der Stress-Teufelskreis

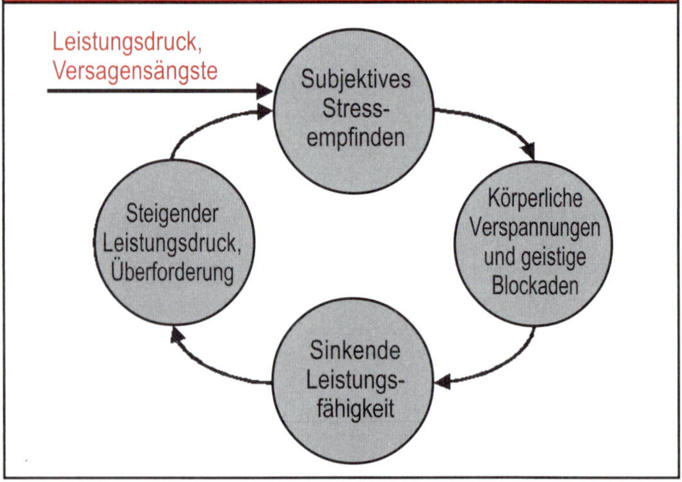

oder Fluchtverhalten statt mit klarem Verstand. Aber in keiner Phase des Verkaufsgesprächs ist ein starkes Nervenkostüm so entscheidend wie in der Preisverhandlung. Da will jeder einen Vorteil für sich herausschlagen. Und so wird getrickst, unter Druck gesetzt und Macht ausgespielt. Ohne mentale Fitness zieht man schnell den Kürzeren. Somit gilt einmal mehr: Erfolg beginnt im Kopf.

Mit Ablehnung souverän umgehen

Es gibt drei Worte, die im Verkaufsgespräch über eine besondere Magie verfügen. Je nach Branche kommen sie in 20 bis 80 Prozent der Verkaufsverhandlungen vor. Sie lauten: „zu teuer" und „nein". Ist es nicht erstaunlich, dass diese drei Worte die Macht haben, Verkäufer aus der Bahn zu werfen? Warum können diese drei Worte so viel Unsicherheit erzeugen? Ganz einfach: Jedes „zu teuer" und jedes „nein" des Kunden ist ein potentieller Angriff auf das Selbstwertgefühl des Verkäufers. Jeder Verkaufsprozess, sei es ein einmaliges Gespräch oder eine längerfristige Beratung, bei dem der Kunde zu guter Letzt nicht unterschreibt, hinterlässt möglicherweise Zweifel an den eigenen Fähigkeiten.

Ablehnung kann das Selbstwertgefühl angreifen

Manche schützen ihr Ego, indem sie die Verantwortung für das Scheitern auf die unzureichende Marktfähigkeit ihrer Produkte schieben. Doch der Preis, den man für diesen Selbstschutz bezahlen muss, ist hoch: Man verliert dabei den Glauben an sein Angebot. Besser ist es, die „Schuldfrage"

Praxistipps
„Steigern Sie Ihre mentale Fitness“

Mentale Fitness ist die Grundvoraussetzung für souveränes und selbstsicheres Auftreten im Preisgespräch. Also immer schön locker bleiben. Hier einige Möglichkeiten, wie Sie das schaffen:

- Jeglicher Druck hat seinen Ursprung im Kopf. Nicht die Situation „stresst“ Sie, sondern Sie selbst sind es, der sich unter Stress setzt. Je früher Sie akzeptieren, dass Druck von innen und nicht von außen kommt, desto eher können Sie ihn abstellen.
- Nehmen Sie sich stets vor, Ihr Bestes zu geben. Mit oder ohne Druck. Mehr können Sie nicht tun. Wenn Sie am Abend eines Arbeitstages ehrlich sagen können, dass Sie alles gegeben haben, sollten Sie zufrieden mit sich sein. Auch wenn nicht alles optimal gelaufen ist.
- Denken Sie positiv: Interpretieren Sie Bedrohungen als Herausforderungen und Krisen als Chancen. Jammern Sie nicht über missliche Umstände, sondern fragen Sie sich, wie Sie das Beste aus der Situation machen können. Das reduziert Druck und setzt positive Energien frei.
- Es ist erwiesen, dass sich Lächeln positiv auf die eigene Stimmung und auf die Stressresistenz auswirkt. Selbst dann, wenn das Lächeln nur aufgesetzt ist. Lächeln Sie also auch, wenn Ihnen eigentlich nicht danach ist. Das hilft nicht nur Ihnen, sondern auch Ihrer Umwelt!
- Körper und Geist stehen in einer Wechselwirkung. Ernähren Sie sich gesund, und sorgen Sie für ausreichend regenerative Phasen und einen erholsamen Schlaf.
- Setzen Sie sich ehrgeizige, aber realistische Ziele, um sich zu motivieren, aber nicht zu überfordern.

erst gar nicht zu stellen und nach vorne zu schauen. Was passiert ist, ist passiert. Hier einige Beispiele, wie Sie mit einer Ablehnung konstruktiv umgehen können:

- Hören Sie bei „zu teuer“ nicht gleich ein endgültiges „Nein“ heraus. Jeder geschulte Einkäufer wird den Preis angreifen. Das gehört zu seinem Job. Begreifen Sie „zu teuer“ als das, was es ist: der Startschuss in die interessanteste Phase des Verkaufsgesprächs.

Feilschen als Selbstverständlichkeit akzeptieren

- Lassen Sie sich durch ein „Nein“ nicht entmutigen. Indem Sie „nein“ als „jetzt noch nicht“ deuten, verliert es an Schärfe. Ein „Nein“ ist nicht das Ende der Verhandlung, sondern der Anfang.

Den Einwand umdeuten

- Viele Wege führen zum Ziel. Wenn Ihr Kunde blockiert, kommt für ihn der vorgeschlagene Weg nicht in Frage. Das heißt nicht, dass es keinen anderen Weg gibt. Bleiben Sie flexibel, und schlagen Sie Alternativlösungen vor.

Nach Alternativlösungen suchen

- Und wenn es einmal bei einer Ablehnung bleiben sollte: Ärgern Sie sich nicht! Eine Abschlussquote von 100% gibt es nicht. Nehmen Sie einen Misserfolg als Lernchance: Was werden Sie in Zukunft anders machen?

Aus Niederlagen lernen

- Nutzen Sie negative Gefühle, wie Frustration und Ärger als Antriebskraft für eine positive Trotzreaktion: „Jetzt erst recht!“ Motivieren Sie sich so für neue Erfolge, mit denen Sie diese Scharte wieder auswetzen werden. Getreu dem Motto: Verloren hat nicht der, der zu Boden geht, sondern der, der liegen bleibt.

Frust in Motivation umwandeln

Versagensängste in den Griff bekommen

Kennen Sie das: Kaum kommt das Verkaufsgespräch in die heiße Phase, beginnen im Kopf die Gedanken zu kreisen („Wird der Kunde den Preis akzeptieren?“) oder es werden unangenehme Erinnerungen wach („Das letzte Mal hat er mich ganz schön in die Enge getrieben!“) oder es tauchen dunkle Ahnungen auf („Wenn er auch beim Wettbewerber X angefragt hat, kann ich gleich nach Hause fahren!“)? Hinter solchen Gedanken und Vorstellungen steht die Angst, nicht gut genug zu sein.

Solche Versagensängste können einem wirklich den Spaß am Verkaufen rauben. Allerdings:

!

Die meisten Ängste sind irrational, sie sind Produkte der Fantasie.

Die Sichtweise entscheidet

Was bedeutet das? Stellen Sie sich vor, dass Sie über einen 12 cm breiten Dachbalken balancieren sollen, der flach auf dem Boden liegt – trauen Sie sich das zu? Sicher, denn es kann ja nichts passieren! Mit schnellen Schritten laufen Sie von der einen Seite zur anderen und machen sich vielleicht über die Leichtigkeit dieser Aufgabe noch lustig. Was wäre aber, wenn dieser Balken nicht am Boden läge, sondern als Brücke über eine 50 Meter tiefe Schlucht führte? Dann würden Sie es sich reiflich überlegen, ob Sie auf die andere Seite gingen, stimmt's? Auf einmal fangen die Knie an zu schlottern, und das Herz rutscht in die Hosentasche. Was macht den Unterschied aus?

Der Balken ist immer noch der gleiche, immer noch 12 cm breit. Und auch die Aufgabe ist identisch geblieben. Aber warum haben Sie im ersten Fall keine Angst und im zweiten schon? Na klar: Einmal bliebe ein Fehltritt ohne Folgen, einmal könnten Sie sich zu Tode stürzen. Das bedeutet: Nicht die Aufgabe an sich löst Angst aus, sondern einzig und allein die *Vorstellung* davon, was bei einem Scheitern alles geschehen könnte.

Zurück zur Angst des Verkäufers beim Preisgespräch: Wodurch entsteht hier die Angst? Indem man sich in düsteren Bildern ausmalt, was alles Schreckliches passieren könnte. Je schlimmer die Vorstellungen, desto größer wird die Angst. Und umgekehrt: Wenn man überzeugt ist, dass nichts passieren kann, verfliegen alle Befürchtungen.

Angst als Folge innerer Bilder

Eigentlich banal, und doch spielt diese Tatsache für Ihren Verkaufserfolg eine wichtige, ja dramatische Rolle. Dazu ein Beispiel, stellvertretend für die vielen hundertfach gemachten Beobachtungen im Laufe der Jahre: Ein engagierter, junger Trainerkollege war bereits Ende November für das kommende Jahr ausgebucht. Jeder weitere Auftrag hätte zusätzliche Wochenendarbeit bedeutet. Nun hatte er noch einige Akquiseprojekte laufen, die er bereits vor einigen Monaten angestoßen hatte. Absagen wollte er die Akquisetermine nicht, und so ging er in jedes Gespräch mit der Einstellung: „Eigentlich brauche ich den Auftrag gar nicht.“ Ahnen Sie schon, was passierte? Er trat so selbstbewusst und authentisch auf, dass er mit seiner

Beispiel

Ausstrahlung die Gesprächspartner von sich überzeugte – und von allen Interessenten einen Auftrag erhielt...

Dies bewahrheitet sich natürlich auch unter umgekehrten Vorzeichen:

!

Je dringender Sie einen Auftrag brauchen, desto unwahrscheinlicher wird es, dass Sie ihn auch erhalten.

Was können Sie konkret tun, um Befürchtungen vorzubeugen und eventuell auftretende Ängste abzuschwächen? Hier sechs Praxistipps:

Vorbereitung gibt Sicherheit

- Bereiten Sie sich gut vor. Legen Sie sich eine Gesprächsstrategie zurecht, und entwickeln Sie mehrere Alternativen, damit Sie auf Ihren Gesprächspartner flexibel reagieren können. Mehr dazu erfahren Sie im nächsten Kapitel.

Niderlagen gelassen begegnen

- Gehen Sie mit klaren Zielen in jede Verhandlung. Aber behalten Sie im Hinterkopf, dass ein eventuelles Scheitern keine Katastrophe wäre. Es gibt im Leben wahrlich Schlimmeres als einen verlorenen Auftrag!

Siege anerkennen

- Nehmen Sie Ihre Siege an! Tun Sie Ihre Erfolge, kleine wie große, nicht als Selbstverständlichkeit ab. Belohnen Sie sich für besondere Leistungen, feiern Sie Ihre Erfolge, denn im Siegergefühl kennen Sie keine Angst.

Frühere Erfolge stärken

- Halten Sie Ihre Erinnerung an frühere Erfolge wach! Nichts gibt Ihnen so viel innere Gelassenheit wie das Bewusstsein: „Ich kann es. Ich schaffe es!" So wird Ihnen bewusst, dass Sie über viele hilfreiche Fähigkeiten verfügen, die Ihnen auch bei den jetzt anstehenden Aufgaben hilfreich sein werden.

- Vermeiden Sie negative Vorstellungen! Wenn Sie sich vorher ausmalen, was bei einer Preisverhandlung alles schief gehen könnte, sollten Sie sich nicht wundern, wenn genau das Befürchtete eintritt. Unterbrechen Sie negative Gedankenketten sofort mit einem geistig gesprochenen „STOPP!“, und ersetzen Sie das negative Bild durch ein positives. Zum Beispiel könnten Sie sich vorstellen, wie das nächste Kundengespräch zu Ihrer besten Zufriedenheit verläuft.

Negative Gedankenketten abbrechen

- Konzentrieren Sie sich während einer Verhandlung voll und ganz auf das aktuelle Gespräch. Durch dieses Fokussieren auf das „Hier und Jetzt“ haben Stressgedanken in Ihrem Kopf keinen Platz mehr.

Aufmerksamkeit fokussieren

All das Gesagte hat viel mit der inneren Einstellung, mit den Überzeugungen und Vorstellungen zu tun, die ein Verkäufer vom Markt, von seinen Kunden und Produkten hat. Das schauen wir uns jetzt genauer an...

Die erstaunliche Macht der Einstellung

Machen wir ein Gedankenexperiment: Stellen Sie sich zwei Verkäufer vor, die dieselben Produkte verkaufen; nennen wir sie Markus Daun und Fritz Fröhlich. Sie gleichen sich bis aufs Haar: Sie sehen identisch aus, verfügen über die gleiche Ausbildung und können auf die gleichen Fähigkeiten zurückgreifen. Die beiden Verkäufer sind also völlig identisch, bis auf einen einzigen Aspekt: Sie haben eine unterschiedliche Auffassung vom Markt und den eigenen Produkten.

Markus Daun denkt: „Heute interessiert die Kunden doch nur noch der Preis. Seit immer mehr Billiganbieter aus dem Osten in den Markt drängen, habe ich kaum noch Chancen, die Umsatzziele zu erreichen. Unsere Produkte sind einfach zu teuer. Ich gebe mir ja wirklich Mühe, aber ohne entsprechenden Rabattspielraum brauche ich gar nicht zum Kunden zu fahren." Ja, Herr Daun, die Zeiten sind hart.

Was sagt Fritz Fröhlich dazu, der sich ja in der gleichen Situation befindet? Er sieht die Sache so: „Wir sind zwar nicht die Billigsten, aber das ist kein großes Problem, da unsere Produkte viele Vorteile haben. Der Preis ist wichtig, aber nicht kaufentscheidend. Viel entscheidender ist es doch, dem Kunden genau das anzubieten, was er braucht und was er will. Wer die Probleme und Wünsche der Kunden kennt, findet fast immer einen Ansatz, wie sich ein höherer Preis gegenüber dem Wettbewerb argumentieren lässt."

Welche Auswirkungen haben diese Einstellungen auf das Verhalten der beiden? Markus Daun legt nicht viel Wert auf eine ausführliche Bedarfs- und Bedürfnisanalyse, da sich – seiner Meinung nach – sowieso alles nur um den Preis dreht. Auch in der Präsentationsphase gibt er sich nur wenig Mühe, den Kunden von den Vorzügen seiner Produkte zu überzeugen („Was soll ich dem lange erzählen, der will doch nur wissen, wie viel Rabatt er bekommt!"). Doch aufgrund der mangelnden Nutzendarstellung erkennt der Kunde seine Vorteile nicht. Was macht er also? Ganz recht: Den Preis in den Mittelpunkt stellen! Kein Wunder, wenn Daun dann kräftig Rabatt geben muss, um den Auftrag zu bekommen.

Auswirkung einer negativen Einstellung

Dauns pessimistische Prophezeiung hat sich erfüllt, weil er sich unbewusst genau so verhalten hat, dass sie sich erfüllen musste. Mit einem „Ich hab es ja gleich gewusst, dass es auf Rabatt hin-

Das Gesetz der sich selbst erfüllenden Prophezeiung

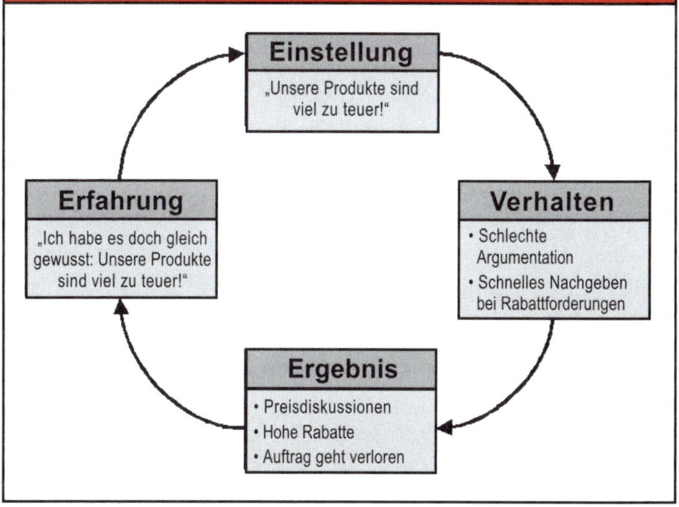

auslaufen wird!“ bekräftigt er sich auch noch in seiner Weltsicht. Dass er die leidigen Preisdiskussionen durch sein Verhalten fördert und oft erst verursacht, bemerkt er nicht. Solange er seine Einstellung nicht ändert, wird er auch keine anderen Ergebnisse erzielen.

Auswirkung einer positiven Einstellung

Ganz anders Fritz Fröhlich. Er stellt viele Fragen und hört gut zu. Denn sein Bestreben ist es, die Bedürfnisse und Wünsche seiner Kunden herauszufinden. Und wie sieht seine Argumentation aus? Fröhlich zeigt in Ruhe den Nutzen für den Kunden auf, denn er ist davon überzeugt, dass die Vorteile seiner Produkte einen (eventuell) höheren Preis rechtfertigen.

Welche Erfahrung macht Fröhlich? Weil der Kunde von seinem Angebot überzeugt ist, *will* dieser das Produkt kaufen. Die Preisfrage und mögliche Rabatte treten jetzt in den Hintergrund. Dies bestätigt Fröhlich in seiner Haltung, der Preis sei nicht kaufentscheidend, wenn der Kunde seinen persönlichen Nutzen erkennt. Das Gesetz der sich selbst erfüllenden Prophezeiung bestätigt sich auch bei ihm. Nur mit dem entscheidenden Unterschied, dass Fröhlich mit seiner Einstellung wesentlich erfolgreicher verkauft als Daun.

Die sich selbst erfüllende Prophezeiung

Keine Frage: Auch Fröhlich gewinnt nicht jeden Auftrag, und auch er wird hin und wieder Rabatte gewähren. Das ändert nichts an der Tatsache, dass Fröhlich jeden Monat deutlich mehr Aufträge zu besseren Deckungsbeiträgen akquiriert als

Daun. Halten wir zwei wichtige Erkenntnisse fest. Erstens:

Das Gesetz der sich selbst erfüllenden Prophezeiung bestärkt Ihre Einstellung.

!

Zweitens: Die Einstellung ist verantwortlich für das Verhalten eines Menschen. Ausgangspunkt des Gedankenexperiments war, dass beide Verkäufer identisch sind, ausgenommen in ihrer Einstellung zum Thema Preis. Das bedeutet, dass Daun ebenso wie Fröhlich über die Fähigkeit verfügt, mit klugen Fragen die Bedürfnisse und Wünsche seiner Kunden zu erforschen. Aber im Gegensatz zu Fröhlich setzt er diese Fähigkeit nicht ein. Also:

Welches Verhalten Sie zeigen und welche Ihrer Fähigkeiten Sie nutzen, hängt ausschließlich von Ihrer Einstellung ab.

!

Erschreckend, wie oft sich Verkäufer durch negative Denkmuster das Leben unnötig schwer machen:

- „Die Umsatzziele sind bei der heutigen Marktsituation gar nicht zu schaffen!“
- „Unsere Produkte sind zu teuer.“
- „Die Kunden interessiert doch nur der Preis!“
- „Was soll ich machen? Die Wettbewerber haben einfach die besseren Produkte.“
- „Der bestellt heute bestimmt wieder nur die kleinste Menge!“
- „Dieser Kunde gibt mir keine Chance. Den besuche ich gar nicht mehr!“

Und so weiter. Das sind typische Überzeugungen, die man von mittelmäßigen Verkäufern vorgebetet bekommt. Wer so denkt, sollte sich nicht wundern, wenn genau das eintritt, was er befürchtet. Verkaufsprofis kontrollieren ihre Einstellungen und werfen negativen Gedankenmüll über Bord. Und genau das sollten Sie auch tun.

Einstellungen bewusst ändern

Unterziehen Sie Ihre Einstellungen einer kritischen Prüfung: Haben Sie bereits einen Berg von Vorurteilen aufgeschichtet, die Ihr Verhalten beeinflussen? Welche Denkstrukturen machen Ihnen das Leben schwer?

Einstellung prüfen und verändern

Aber auch die tägliche Gedankenkontrolle ist sehr zu empfehlen: Falls in einem Verkaufsgespräch ein Problem auftaucht, halten Sie einen Moment inne, und reflektieren Sie Ihre Einstellung. Nicht selten findet sich die Ursache genau hier:

- Welche Einstellung habe ich im Moment zu dieser Situation? Und zu diesem Kunden? Mit welchen Erwartungen bin ich in dieses Gespräch gegangen?
- Wie verhalte ich mich und wie kommuniziere ich infolge meiner Einstellung? Wie trage ich dazu bei, dass die Situation problematisch ist?
- Was würde sich ändern, wenn ich eine andere Sichtweise einnehmen würde? Welche Einstellung wäre jetzt hilfreicher? Wie würde ich mich dann verhalten? – Was tue ich jetzt?

Identifikation – Grundlage des Verkaufserfolgs

Stellen Sie sich vor, Sie erhalten eine Mail von Ihrem Vertriebsleiter. Darin werden Sie gebeten, an Ihrem Dienstfahrzeug den Firmenschriftzug mit dem aktuellen Werbeslogan anzubringen. Die Teilnahme an der Aktion ist freiwillig. Die entsprechenden Aufkleber können kostenlos beim Vertriebssekretariat angefordert werden. Was machen Sie?

- ❑ Sie besorgen sich zwei Aufkleber und bringen diese sofort an Ihrem Wagen an.
- ❑ Sie warten ab, wie Ihre Kollegen reagieren.
- ❑ Sie lehnen das Angebot ab.

Bitte kreuzen Sie die Alternative an, nach der Sie handeln würden, und begründen Sie kurz Ihre Entscheidung. (**STOPP:** Bitte erst antworten, dann weiterlesen.)

____

____

____

Die meisten Verkäufer entscheiden sich für die dritte Alternative: Sie lehnen ab. Typische Begründungen sind: „Das sieht doch hässlich aus!“, „Was denken da meine Nachbarn von mir?“, „Ich bin doch kein fahrendes Werbeplakat!“, „Es muss ja nicht jeder auf der Strasse wissen, wo ich arbeite; schon gar nicht, wenn ich privat unterwegs bin!“

Tja, sind Sie sich auch zu fein, einen Dienstwagen mit dem Logo Ihres Unternehmens zu fahren? Oder nur, wenn alle anderen auch mitmachen? Na hoffentlich nicht! Wie wollen Sie Ihre Kunden für Ihre Produkte (und Preise!) begeistern, wenn es Ihnen an Identifikation mangelt?

!

Wie wollen Sie andere Menschen überzeugen, wenn Sie selbst nicht von Ihren Produkten überzeugt sind?

Sie können noch so brillant argumentieren und Ihre Verhandlungsführung noch so geschickt aufbauen, wenn der Kunde spürt, dass Sie im Grunde genommen nicht viel von Ihren Produkten oder Ihrem Unternehmen halten, werden Sie scheitern.

Mangelnde Identifikation lässt sich nicht verbergen

So mancher Verkäufer glaubt, er könne mangelnde Identifikation mit einstudierten Argumenten kaschieren. Irrtum! Jeder aufmerksame Kunde wird eine solche Schauspielerei schnell durchschauen. Menschen spüren sehr genau, ob ein Verhandlungspartner authentisch handelt und damit auch glaubwürdig ist.

Hier, bei der Identifikation, und nirgendwo sonst legen Sie den Grundstein für eine erfolgreiche Preisverhandlung. Gehen Sie eine starke Partnerschaft ein mit

- Ihren Produkten, Preisen und Service-Dienstleistungen,
- mit dem Unternehmen, für das Sie tätig sind
- und mit dem Beruf des Verkäufers.

Mangelnde Identifikation mit Produkten und Unternehmen verursacht Preisverfall

Fast jeder Verkäufer hört Tag für Tag von seinen Kunden, dass die Wettbewerber besser sind: Deren Produkte sind angeblich schöner, zuverlässiger, robuster, leichter, leiser, innovativer, einfacher, bequemer... und natürlich billiger – bei gleicher Qualität versteht sich... und außerdem liefern die Konkurrenten schneller, gewähren längere Garantiezeiten, bieten zusätzliche Serviceleistungen – und so weiter. Wenn man zudem noch einige Reklamationsfälle zu bearbeiten hat, ist es wahrlich nicht einfach, den Glauben an die eigenen Produkte und Leistungen zu bewahren. Aber es wird keinem Verkäufer gelingen, seine Produkte überzeugend zu vertreten, wenn er selbst nur die Nachteile sieht. Sie wissen doch: Nur wer selbst brennt, kann andere entzünden.

Der lähmende Blick auf den Wettbewerb

Am deutlichsten zeigt sich mangelnde Identifikation in der Preisverhandlung. Stellen Sie sich einen Verkäufer vor, der glaubt, dass sein Produkt den Preis nicht wert sei. Wie viel Energie, Kreativität und Herzblut wird er wohl einsetzen, um den Kunden vom Preis zu überzeugen? „Ich kann den Kunden verstehen; er hat ja Recht, einen Nachlass zu fordern. Diesen Preis würde ich an seiner Stelle auch nicht bezahlen..." Wer solche Gedanken während der Verhandlung im Hinterkopf hat, kann dem Kunden gleich den Höchstrabatt anbieten und sich jede weitere Argumentation sparen.

Unbedingt zum Preis stehen

Praxistipps

„Identifikation mit den Produkten"

- Beschäftigen Sie sich intensiv mit den Vorteilen Ihres Angebots: Wodurch zeichnen sich Ihre Produkte aus? Welche Vorteile und Nutzen ziehen Ihre Kunden daraus? Am besten erstellen Sie dazu eine detaillierte Liste. Widmen Sie sich besonders den Produkten, die Sie im Vergleich zu Kollegen unterdurchschnittlich oder nur mit hohen Nachlässen verkaufen.
- Falls Sie bei einem Produkt nur wenige Vorteile finden, fragen Sie Produktentwickler und Kollegen nach möglichen Vorteilen. Wenn Ihre Ausbeute mager ausfällt, lassen Sie sich Zusatznutzen einfallen, durch die Sie das Produkt aufwerten können.
- Lassen Sie sich nicht einreden, dass der Wettbewerb viel besser sei. Dort wird auch nur mit Wasser gekocht. Nur weil Sie von den Mängeln der Wettbewerbsprodukte wenig wissen, heißt das nicht, dass es keine gibt!
- Wenn Wettbewerber scheinbar eine gleiche Leistung günstiger anbieten, prüfen Sie in Ruhe, in welchen Details sich die Angebote unterscheiden. Finden Sie keine oder nur geringe Unterschiede, fragen Sie sich und Ihre Kollegen, warum Ihre bestehenden Kunden dennoch bei Ihnen kaufen. Welchen Nutzen ziehen sie aus Ihrem Angebot? Warum sind sie bereit, einen höheren Preis zu bezahlen? Wie können Sie diese Vorteile bzw. Nutzen in Zukunft offensiver darstellen?
- Machen Sie sich bewusst, dass Kunden ganz individuelle Vorstellungen haben. Nehmen Sie Ihre persönlichen Wertmaßstäbe nicht als allgemeingültige Wahrheiten. Was in Ihren Augen ein Nachteil ist, können andere Menschen als Vorteil ansehen.

Stellen Sie Ihre Identifikation auf den Prüfstand: Stehen Sie voll und ganz zu Ihren Produkten? Konzentrieren Sie sich vor allem auf deren Stärken? Sind Sie von Ihren Produkten so angetan und begeistert, dass man bei Ihnen schon fast von Besessenheit oder „missionarischem Eifer“ sprechen kann? Oder mäkeln Sie öfter an den unvermeidlichen Produktnachteilen herum?

Fast genauso wichtig wie die Identifikation mit den Produkten ist die Solidarität mit Ihrem Unternehmen. Wer durch abfällige Bemerkungen über seinen Arbeitgeber das Image seines Unternehmens beschädigt, schneidet sich tief ins eigene Fleisch: Nur wenn Ihr Unternehmen ein positives Image auf dem Markt hat, sind Ihre Kunden bereit, für Ihre Produkte einen höheren Preis im Vergleich zu Wettbewerbern zu bezahlen. Imageprobleme führen zwangsläufig zu Preisproblemen. In Anlehnung an Wilhelm Busch lässt sich reimen:

Gutes Image stützt den Preis

Ist der Ruf erst ruiniert,
feilscht der Kunde ungeniert.

!

So zeigen Sie Ihren Kunden, dass Sie stolz auf Ihr Unternehmen sind:

- Nutzen Sie die Chance, Ihr Unternehmen ins rechte Licht zu rücken, wenn Sie um eine Firmenpräsentation gebeten werden. Langweilen Sie aber nicht mit der Firmenhistorie, sondern verweisen Sie auf die besonderen Erfolge Ihres Unternehmens, und zeigen Sie anhand von Referenzen, dass seit Jahren viele zufriedene Stammkunden bei Ihnen kaufen.

Das Unternehmen überzeugend vorstellen

Schuldzuweisungen schaden

- Vertreten Sie die Entscheidungen Ihres Unternehmens als wären es die Ihren. Schuldzuweisungen an andere, wie „für die Preispolitik kann ich nichts, das macht bei uns das Produktmanagement“, haben noch nie etwas genutzt, aber schon oft geschadet.

Probleme offen ansprechen

- Falls es im Moment Probleme in Ihrem Unternehmen gibt, dann sprechen Sie offen und ehrlich mit Ihren Kunden darüber. Erklären Sie die Situation, und machen Sie deutlich, dass alle im Unternehmen an einer Verbesserung arbeiten.

Verkaufen – Beruf oder Berufung?

„Ich verstehe mich als Berater und nicht als Verkäufer“, meint ein Außendienstmitarbeiter eines Messgeräte-Herstellers, als er in einem Training mit der Videoaufzeichnung eines von ihm geführten Verkaufsgesprächs konfrontiert wird. Mit dieser Aussage bringt er sein Dilemma auf den Punkt. Er brillierte mit Fachwissen und überschüttete den Kunden mit technischen Details. Er redete viel, aber er verkaufte nicht.

Vor lauter Beratung das Verkaufen nicht vergessen

Gerade in herausfordernden Zeiten brauchen Unternehmen keine „Kundenbesucher“ sondern Verkäufer! Damit ist nicht gemeint, dass Sie Kunden nicht beraten dürften. Das sollen Sie sogar tun. Aber es kommt darauf an, wie Sie es tun. Kunden zu beraten ist der Weg zum Ziel, aber nicht das Ziel selbst! Was nutzt eine gute Beratung, wenn Ihre Kunden dann beim Wettbewerber kaufen?

Praxistipps
„Solidarität mit dem Unternehmen"

- Verdeutlichen Sie sich, welche besonderen Nutzen Ihr Unternehmen Ihren Kunden bietet, beispielsweise in Form von zusätzlichen Dienstleistungen, Garantiezusagen oder durch Seriosität und Zuverlässigkeit.
- Arrangieren Sie sich mit den Entscheidungen des Managements, auch wenn Sie diese nicht zu 100% teilen. Lassen Sie sich Beschlüsse und Vorgehensweisen erläutern, die für Sie nicht nachvollziehbar sind. Denn nur wenn Sie die Hinter- und Beweggründe verstehen, können Sie die Entscheidungen gegenüber Ihren Kunden auch überzeugend vertreten.
- Lästern Sie nicht über die Fehler oder Unzulänglichkeiten anderer Abteilungen. Üben Sie, wenn es erforderlich ist, konstruktive Kritik und suchen Sie nach Verbesserungen. Ansonsten konzentrieren Sie sich auf die positiven Seiten Ihres Unternehmens.
- Machen Sie sich bewusst, welche Vorteile Ihr Arbeitgeber Ihnen persönlich bietet. Beispielsweise einen abwechslungsreichen Job, überdurchschnittliche Bezahlung, gute soziale Leistungen, ein angenehmes Betriebsklima, einen sicheren Arbeitsplatz...
- Wenn gewichtige Gründe verhindern, dass Sie sich mit der Branche oder mit Ihrem Unternehmen identifizieren können, sollten Sie einen Arbeitsplatzwechsel ernsthaft in Erwägung ziehen. Auf Dauer würden Sie mit falsch verstandener Loyalität weder sich noch Ihrem Arbeitgeber einen Gefallen tun. Denn Identifikation lässt sich nicht erzwingen. Vergessen Sie dabei aber nicht, dass in anderen Unternehmen auch nicht alles besser ist.

Sind Sie bereit für die Gretchenfrage: Ist Verkaufen für Sie der schönste Beruf der Welt? Sind Sie stolz darauf, Verkäufer zu sein? Oder halten Sie Verkaufen in irgendeiner Weise für unmoralisch oder unehrenhaft? Haben Sie das negative Klischee eines Manipulators vor Augen, wenn in neutraler Runde das Gespräch auf das Thema „Verkaufen" kommt? Stimmt: Wenn Sie jemandem etwas verkaufen, dann tun Sie ihm etwas an! Und zwar etwas Gutes! Wenn Sie ein einwandfreies Produkt zu einem angemessenen Preis verkaufen, dann macht doch Ihr Kunde das beste Geschäft: Er bekommt ein Problem gelöst, einen Wunsch erfüllt oder seine Lebensqualität erhöht sich. Das ist doch nichts Ehrenrühriges!

Ein Verkaufsabschluss ist eine Win-Win-Situation

Selbstverständlich profitiert auch Ihr Unternehmen – vom Pförtner bis zum Vorstand – von einem Abschluss. Und nicht zu vergessen: auch Sie selbst! Das ist ja das Schöne: Es handelt sich um eine Win-Win-Situation. Bei einem „Nein" verlieren alle. Auch und gerade der Kunde! Wenn Ihnen dies bewusst ist, wird es Ihnen leicht fallen, von innen heraus erfolgreich zu verkaufen und mit Stolz von sich zu behaupten: „Ja, ich verkaufe gerne!"

Woran erkennt Ihr Kunde den Grad Ihrer Identifikation?

Was wird ein harter Verhandlungspartner tun, wenn er merkt, dass der Verkäufer selbst an seinen Preisen zweifelt? Was passiert, wenn er spürt, dass er einem schwachen Verkäufer gegenübersitzt? Die Chance vor Augen, den Preis drücken zu können, wird er so lange bohren bis der Verkäufer entmutigt nachgibt.

Offensichtlich wird mangelnde Preisidentifikation, wenn der Verkäufer bei der Preisnennung oder der Preisverhandlung „verbale Weichspüler“ benutzt. Damit sind Worte gemeint, mit denen man seine Aussagen abschwächt und realitiviert. Dazu ein Beispiel: Sie wollen sich eine neue Büroausstattung kaufen. Als Ihnen der Verkäufer den Komplettpreis nennt, fragen Sie ihn: „Was können Sie am Preis noch machen?“ Antwort des Verkäufers: „Eigentlich nichts.“ Na, was denken Sie jetzt? „Das ist bestimmt der bestmögliche Preis, da brauche ich gar nicht weiter zu verhandeln.“ Oder eher: „Na fein, gleich gibt es Prozente!“

Beispiel

Ihre Reaktion wird vermutlich so ausfallen: „Und uneigentlich?“ Sie hören aus der Aussage des Verkäufers ein Signal der Schwäche heraus und wollen dies zu Ihrem Vorteil nutzen. Und genauso wie Sie wird auch jeder halbwegs intelligente Kunde auf „verbale Weichspüler“ reagieren. Zu ihnen gehören beispielsweise:

- eigentlich, normalerweise
- vielleicht, eventuell, möglicherweise
- Konjunktive wie müsste, könnte, würde, dürfte, sollte usw.

In einem unverbindlichen Gespräch mit Kollegen oder im privaten Kreis sind solche abschwächende Wörter kaum von Bedeutung. Wenn Sie jedoch

Merkmal	Zweifelnd	Selbstbewusst
Stimme (allgemein)	nervös, zitternd, fahrig	angenehm, fest, dynamisch
Lautstärke	übertrieben laut oder leiser als normal	angemessen, gleich bleibend
Geschwindigkeit	stockend, mit unüblichen Pausen oder zu schnell	angemessen, gleich bleibend, Pausen unterstreichen Wichtiges
Ausdrucksweise	viele Füllwörter, umständliche Erklärungen	klar, gut verständlich
Argumentation	ausweichend, entschuldigend, allgemeine Floskeln, wenig kundenspezifisch	kurze, präzise Argumentation auf den Kunden bezogen
Blickkontakt	ausweichend, unterbrochen	beständig, direkt
Körpersprache (allgemein)	nervös spielende oder zuckende Beine, Füße oder Finger; Schweißausbrüche	ruhig, offen, locker
Körperhaltung	verschlossen, hängende Schultern, gesenkter Blick	offen und aufrecht mit erhobenem Kopf

Körpersprachliche Merkmale für die mentale Fitness

Preise verhandeln, hört Ihr Gesprächspartner aufmerksamer zu. Da ist ein „verbaler Weichspüler" nichts anderes als eine Einladung an den Kunden, den Preis zu drücken. Also lassen Sie solche Worte weg. Sagen Sie Ihrem Kunden klar und deutlich, was Sache ist, und was Sie für ihn tun können und was nicht.

„Verbale Weichspüler" vermeiden

Aber nicht nur an der Sprache lässt sich erkennen, ob sich ein Verkäufer sicher oder unsicher ist. Die nebenstehende Übersicht zeigt weitere, typische Erkennungsmerkmale. Daraus können Sie ableiten, worauf Sie achten sollten, um selbstsicher und überzeugt zu wirken. Hier noch ein paar ergänzende Tipps dazu:

- Nennen Sie Ihren Namen bei der Vorstellung laut und deutlich, mit entschlossener Stimme. Auch ein fester Händedruck signalisiert schon bei der Begrüßung Standfestigkeit und Erfolgswillen. Aber bitte nicht übertreiben!

Von Beginn an selbstbewusst auftreten

- Wer freundlich und empathisch ist, genießt Sympathie. Aber verwechseln Sie Freundlichkeit niemals mit Nachgiebigkeit. Das sind zwei völlig verschiedene Dinge.

Freundlich? Ja! Nachgiebig? Nein!

- Wenn Ihnen in brenzligen Situationen schlagfertige Antworten einfallen: nur Mut und heraus damit. Mit Schlagfertigkeit zeigen Sie Stärke. Aber Achtung vor zu viel Schärfe. Hier ist Ihr Fingerspitzengefühl gefragt. Gewürzt mit einer Prise Humor und einem entwaffnenden Lächeln, wird Ihre Antwort leichter verdaulich.

Oft hilft Schlagfertigkeit

Checkliste
Mentale Fitness

	ja/nein	Maßnahme
Verfügen Sie über eine gute Stressstabilität?		
Können Sie sich vom Umsatzdruck befreien und Verkaufsgespräche locker führen, egal wie wichtig sie sind?		
Sind Sie ein Optimist, der – statt zu jammern – aus jeder Situation das Beste macht?		
Behalten Sie auch in schwierigen Preisverhandlungen Ihre gute Laune?		
Fällt es Ihnen leicht, nach einer Niederlage wieder aufzustehen?		
Haben Sie mögliche Versagensängste im Griff?		
Vermeiden Sie es, im Kollegenkreis darüber zu lamentieren, was in Ihrem Unternehmen alles nicht klappt („Horror-Storys")?		
Reflektieren Sie Ihre Überzeugungen von Zeit zu Zeit?		
Korrigieren Sie ganz bewusst hinderliche, negative Einstellungen?		

Checkliste
Identifikation

	ja/nein	Maßnahme
Sind Sie mit ganzer Überzeugung Verkäufer?		
Identifizieren Sie sich 100%-ig mit Ihren Produkten?		
Kennen Sie die wesentlichen Vorteile Ihrer Produkte?		
Verwenden Sie selbst auch die Produkte, die Sie verkaufen (oder würden Sie es tun)?		
Stehen Sie voll und ganz hinter den Preisen Ihrer Produkte?		
Zeigen Sie sich Ihren Kunden gegenüber in jeder Hinsicht solidarisch mit Ihrem Unternehmen?		
Vermeiden Sie bei Problemen Schuldzuweisungen an andere Abteilungen?		
Strahlen Sie Selbstsicherheit aus, beispielsweise durch Ihre Körperhaltung und Ihre Stimme?		
Vermeiden Sie abschwächende Wörter wie „normalerweise“, „eigentlich“ oder Konjunktive?		

Zusammenfassung

- Unter Druck ist niemand gut: Sorgen Sie dafür, Stress und Druck in den Griff zu bekommen.
- Nicht die Situation „stresst" Sie, sondern Ihre Einstellungen und Gedanken zur Situation. Und die können Sie verändern.
- Optimismus ist die stärkste Anti-Stress-Arznei: Wer Chancen statt Probleme sieht, gewinnt immer!
- Ein „Nein" ist nicht das Ende einer Verhandlung, sondern deren Anfang!
- Sie können aus Niederlagen Siege machen, wenn Sie aus ihnen lernen. So werden Sie immer besser!
- Ihre Einstellung beeinflusst, wie Sie sich verhalten und welche Fähigkeiten Ihnen in der Preisverhandlung zur Verfügung stehen.
- Kontrollieren Sie Ihre Einstellung. Nach dem Gesetz der sich selbst erfüllenden Prophezeiung ernten Sie in der Praxis stets das, was Sie mit Ihren Überzeugungen gesät haben.
- 100% Verkaufserfolg verlangt 100% Identifikation! Mangelnde Identifikation wirkt sich spätestens in der Preisverhandlung negativ aus.
- Harte Verhandlungspartner nutzen Unsicherheiten des Verkäufers aus, Preise zu drücken. Deshalb ist es wichtig, Stärke zu zeigen: Vom kräftigen Händedruck über intensiven Blickkontakt bis hin zu einer aufrechten Körperhaltung.
- Nennen Sie den Preis klar und unmissverständlich. Vermeiden Sie unbedingt „verbale Weichspüler", die Ihr Gesprächspartner als Verhandlungsbereitschaft interpretieren könnte.

3. Kapitel:
So beugen sie harten Preisverhandlungen vor

Planen Sie Ihre Verhandlungsführung

Eine gute Vorbereitung ist die Basis des Verkaufserfolgs. Jeder weiß das; aber kaum einer handelt danach. Wenn Sie sich an Ihre letzte Preisverhandlung erinnern, wie intensiv hatten Sie sich auf das Gespräch vorbereitet? Hatten Sie sich ein klares Ziel bezüglich des zu erzielenden Preises gesetzt? (**STOPP:** Bitte erst antworten bevor Sie weiterlesen.)

Wenn wir diese Fragen in unseren Trainings stellen, bekommen wir oft zu hören: „Leider bleibt mir in der Hektik des Alltags keine Zeit für eine Vorbereitung." Oder: „Ich plane die Verhandlung nicht, weil ich sonst meine Spontaneität verliere." Und so erfolgt die Vorbereitung auf den Kundentermin bestenfalls nebenbei.

Ohne Vorbereitung kein Erfolg

Natürlich ist Zeit heutzutage eine knappe Ressource. Aber gerade deshalb ist die Vorbereitung eines Kundentermins so wichtig. Denn wer glaubt, er brauche sich keine Zeit für die strategische Planung seines Verkaufserfolgs zu nehmen, unterliegt dem gleichen Denkfehler wie der Waldarbeiter, der sich mit einer stumpfen Säge abmüht, weil er glaubt, keine Zeit zu haben, sie zu schärfen.

Natürlich ist auch Flexibilität eine wichtige Voraussetzung, um erfolgreich verhandeln zu können. Allerdings sagen Spitzenverkäufer, dass eine gezielte Vorbereitung die Grundvoraussetzung dafür ist, flexibel agieren und reagieren zu können.

Tatsächlich ist mangelnde Vorbereitung die Ursache vieler Fehler in der Verhandlungsführung: Erst wenn der Kunde anfängt, den Preis zu drücken, merkt so mancher Verkäufer, dass ihm eine Verhandlungsstrategie fehlt: Was will ich überhaupt erreichen? Wie weit kann ich nachgeben? Welche Gegenleistungen kann ich dafür einfordern? Doch dann ist es bereits zu spät, um sich noch eine kluge Vorgehensweise zu überlegen. Also:

Bereiten Sie sich auf jede Preisverhandlung vor!

!

Nichts ist schlimmer, als schon viel Zeit in ein Gespräch investiert zu haben und dann in der entscheidenden Phase ins Schlingern zu geraten. Es lohnt sich aus vielerlei Gründen für Sie, sich Zeit für die Vorbereitung Ihrer Verkaufs- und Preisverhandlungen zu nehmen:

Gründe für eine Vorbereitung

- Sie erreichen Zielklarheit bei hoher Flexibilität.
- Vorbereitet fühlen Sie sich sicherer und treten deshalb überzeugender auf.
- Sie sind hinsichtlich (Preis-)Einwänden und Verhandlungstricks bestens gerüstet.
- Planvolles Vorgehen steigert Ihre Abschlusschancen.
- Sie sparen durch effektivere Verhandlungen Zeit.
- Sie erzielen höhere Preise.

Und so weiter. Wir empfehlen Ihnen, sich in der Vorbereitung auf eine Preisverhandlung mit den folgenden Fragestellungen zu beschäftigen:

Zielpreis exakt festlegen

- Welchen Preis möchte ich erzielen? Nur wer ein eindeutiges, klares Ziel vor Augen hat, wird auch alles daran setzen, dieses Ziel zu erreichen. Also legen Sie Ihren Zielpreis auf Euro und Cent genau fest.

Definieren Sie Ihre Minimalziele

- Wie sieht mein Notfallprogramm aus, falls ich meinen Zielpreis nicht durchsetzen kann? Überlegen Sie sich, unter welchen Voraussetzungen Sie welche Zugeständnisse machen wollen. Setzen Sie sich dabei klare Grenzen, und definieren Sie die Punkte, die für Sie nicht verhandelbar sind. Dies verhindert, dass Sie im Eifer des Gefechts Zugeständnisse gewähren, die Sie dann im Nachhinein bereuen. Fragen Sie sich auch, welche Gegenleistung Sie für eine Preisreduktion von Ihrem Kunden haben wollen (siehe Seite 128ff.).

Suchen Sie nach Alternativen

- Welche Alternativen zu einem Preisnachlass kann ich anbieten? Statt Rabatte zu gewähren, können Sie dem Kunden auch zusätzliche Leistungen anbieten, wie zum Beispiel eine längere Garantiezeit oder eine kostenlose Wartung.

Verschaffen Sie sich Verhandlungsspielräume

- Mit welchem Preis steige ich in das Gespräch ein? Viele Verkaufsprofis gehen mit einem gewissen Verhandlungsspielraum in ein Preisgespräch und fordern einen Preis, der über ihrem Zielpreis liegt. Das tun sie natürlich nicht, um mit den Techniken der „orientalischen Basarmethode“ zu verkaufen, sondern um sich eine Reserve zu verschaffen. Diese Strategie birgt zwar gewisse Risiken, hat sich aber als vorteilhaft erwiesen, wenn man davon ausgeht, dass sich der Gesprächspartner solange nicht zufrieden geben wird, bis er noch einige Prozentpunkte für sich herausgeschlagen hat.

- Wie will ich vorgehen? Legen Sie sich eine Strategie zurecht, wie Sie Ihren Kunden vom Preis überzeugen wollen. Im 6. und 7. Kapitel finden Sie zahlreiche Vorschläge für wirkungsvolle Verhandlungsstrategien.

Strategie zurechtlegen

- Welche „Preis-Erfahrungen" hat der Kunde bislang mit mir (mit uns) gemacht? Verschaffen Sie sich nicht nur einen Überblick über die letzten Bestellungen des Kunden, sondern recherchieren Sie auch, welche Rabatte und Konditionen dem Kunden bei welchen Produkten eingeräumt wurden. So kann Sie der Kunde nicht mit forschen Behauptungen (*„Ich bekomme immer 3% Skonto"*) verunsichern.

Kundenhistorie berücksichtigen

Auf der folgenden Seite finden Sie eine Checkliste mit ergänzenden Fragen zur Vorbereitung von Verkaufsverhandlungen. Nicht immer werden Sie alle diese Informationen besitzen oder mit vertretbarem Zeitaufwand recherchieren können. Manchmal brauchen Sie auch Mut zur Lücke. Trotzdem ist es hilfreich, mit dieser Checkliste zu arbeiten. Sie erleichtert Ihnen, systematisch vorzugehen und verhindert, dass das eine oder andere vergessen wird. Tipp: Ergänzen bzw. verändern Sie diese Checkliste laufend nach Ihren Bedürfnissen und Erfahrungen. Was in einer Branche wichtig ist, kann in einer anderen nebensächlich sein.

Mit Checklisten arbeiten

Checkliste
zur Gesprächsvorbereitung

Informationen zum **Unternehmen** meines Kunden:

- Größe und Umsatz, Firmenentwicklung bzw. -historie
- Ziele des Unternehmens, Marktstellung, Image, Tätigkeitsschwerpunkte, Philosophie (Qualität, Preis, Sortiment...)
- Kunden des Unternehmens und ihre Anforderungen

Informationen zum **Gesprächspartner:**

- Name und Position, Hobbys, Vorlieben, persönliche Daten
- Um was für einen Charakter handelt es sich?
- Welchen Bedarf hat er / das Unternehmen? Welches Budget hat der Kunde? Wie hoch ist das zukünftige Potential?
- Welche persönlichen Ziele verfolgt er? Welche Bedürfnisse hat er? Woran wird sein Erfolg gemessen?
- Hat er in diesem Bereich schon einen Lieferanten? Was schätzt er am Wettbewerb? Was missfällt ihm?
- Wer ist am Entscheidungsprozess beteiligt?

Informationen zu **meinem Angebot:**

- Welche Kern- und Zusatznutzen biete ich? Wie kann ich diese überzeugend darstellen?
- Was bietet der Wettbewerb an? Zu welchen Preisen? Wie hebe ich mich von Wettbewerbsangeboten ab?
- Habe ich alle Detailinformationen zu meinem Angebot vorliegen? Kenne ich die aktuellen Lieferzeiten? Weiß ich über das eventuelle Zubehör Bescheid?

Vorbereitung der **Gesprächsstrategie**:

- Wie gehe ich vor? Wie strukturiere ich die Verhandlung?
- Welche Informationen will ich wie erfragen?
- Welche Einwände könnte der Kunde vorbringen? Wie kann ich diesen überzeugend begegnen?

Kundenorientierung erleichtert Preisverhandlungen

Haben Sie sich jemals die Frage gestellt, wann das Preisgespräch beginnt? Sehen Sie sich die unten stehende Abbildung mit den einzelnen Verkaufsphasen an, und bestimmen Sie auf dem Pfeilstrahl den Zeitpunkt, an dem Ihrer Meinung nach das Preisgespräch anfängt. (**STOPP:** Bitte erst antworten, dann weiterlesen.)

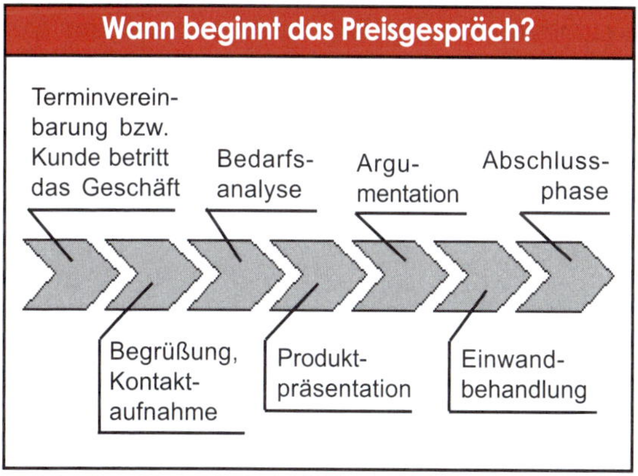

Die meisten Verkäufer entscheiden sich für den Bereich zwischen der Einwandbehandlung und der Abschlussphase. Da sollte das Preisgespräch aus strategischen Gründen auch angesiedelt sein. Aber ist dies tatsächlich der Punkt, an dem die Preisverhandlung *beginnt?* Oder legt bereits Ihre Art zu argumentieren den Grundstein für das Preisgespräch? Oder Ihre Bedarfsanalyse? Oder fängt das Preisgespräch sogar noch viel früher an?

Versetzen wir uns zur Beantwortung dieser Frage in den Kunden: Im nächsten Kapitel werden wir sehen, dass Ihnen Ihr Kunde nur so viel für Ihr Produkt bezahlen will, wie es ihm aus seiner Sicht Wert ist. Bei dieser Be*wert*ung berücksichtigt er aber nicht nur die Leistungsmerkmale und die Nutzenversprechen Ihrer Ware oder Dienstleistung. Für ihn gehören auch andere Aspekte dazu wie Image, Qualität, Sicherheit oder Service.

Wert = Preis

In vielen Branchen, wie beispielsweise in der Mode, Kosmetik oder der Automobilindustrie hat das Image der Marke entscheidenden Einfluss auf die Kaufentscheidung. Auch wenn der VW Phaeton technisch ein hervorragendes Fahrzeug ist, werden viele potentielle Kunden von der Vorstellung abgeschreckt, einen luxuriösen Wagen mit einem VW-Emblem zu fahren. Luxus und VW, das passt scheinbar nicht zusammen! Fazit:

!

Die Einstellung Ihres Kunden zum Preis hängt maßgeblich von seinem Bild ab, das er sich von Ihnen, Ihrem Unternehmen und Ihren Produkten macht.

Dieses Bild setzt sich aus vielen Mosaiksteinen zusammen, wie beispielsweise aus den Werbebotschaften Ihres Unternehmens, Presseberichten oder Gesprächen mit bestehenden Anwendern Ihrer Produkte. Jede Information, die Ihr Kunde bereits vor dem persönlichen Gespräch mit Ihnen über Ihre Produkte erhalten hat, beeinflusst seine Meinung – und damit auch die Preisverhandlung. Unter diesem Aspekt betrachtet, liegt die Antwort auf die eingangs gestellte Frage auf der Hand: Die Preisverhandlung beginnt bereits mit dem allerersten Kontakt, den Ihr Gesprächspartner mit Ihrem Unternehmen und Ihren Produkten hat.

Faktoren wie Image und Werbung können Sie kaum beeinflussen. Aber Sie können sich und Ihre Produkte von der ersten Minute an im rechten Licht präsentieren. Vermitteln Sie Ihrem Gesprächspartner in allen Phasen der Verhandlung, dass Sie ein hochwertiges Produkt verkaufen. Denken Sie dabei auch an die kleinen, aber wichtigen Details, die auf das Meinungsbild des Kunden einwirken:

Einen „hochwertigen" Eindruck hinterlassen

- Achten Sie auf angemessene Kleidung, gepflegte Schuhe (!) und ein ansprechendes Äußeres. Es ist übrigens kein Zeichen von Schwäche, sondern von Klugheit, wenn Sie sich von einem Farb- und Stilberater bei der Auswahl und Kombination Ihrer Kleidungsstücke helfen lassen!

Gepflegtes Äußeres

- Im Außendienst sind Sie (und Ihre Servicetechniker) natürlich stets mit einem innen wie außen sauberen Auto unterwegs.

Sauberes Fahrzeug

- Verzichten Sie auf Bier-, Kaffee- und Zigarettenkonsum, auch in der Mittagspause. Warum? Weil andere es riechen. Und die meisten Menschen mögen solche Gerüche nicht!

Vorsicht vor Gerüchen

- Verkaufen Sie in einem Ladengeschäft? Dann kümmern Sie sich darum, dass sich Räumlichkeiten wie Ausstellungsstücke ordentlich und sauber präsentieren. Seien Sie sich nicht zu schade, selbst Hand anzulegen, beispielsweise indem Sie ein liegen gebliebenes Taschentuch

Ordentliche Verkaufsräume

entfernen oder einen leeren Prospektständer nachfüllen.

Zuverlässigkeit zählt

- Beweisen Sie durch Pünktlichkeit und Zuverlässigkeit auch in kleinen Dingen, dass sich Ihr Kunde zu 100% auf Sie verlassen kann.

Leichte Kontaktaufnahme

- Stellen Sie sicher, dass Ihr Kunde stets schnell und einfach mit Ihnen Kontakt aufnehmen kann. Benennen Sie ihm einen kompetenten Stellvertreter für den Fall, dass Sie nicht erreichbar sein sollten (Urlaub, Krankheit...).

Freude zeigen

- Zeigen Sie Ihrem Kunden, dass Sie sich freuen, mit ihm Geschäfte zu machen: Lächeln Sie, und kommunizieren Sie stets freundlich.

Verteilermentalität bestraft der Markt

Und so weiter. An dieser Stelle könnten wir das Credo der Kundenorientierung herunterbeten, wenn es sich nicht um Banalitäten handelte. Dennoch zeigt die Erfahrung, dass es auch heute noch erstaunlich viele Verkäufer mit Verteilermentalität gibt, für die kundenorientiertes Verhalten nicht selbstverständlich ist. Allerdings verzeiht der Markt solches Verhalten längst nicht mehr. Entspricht der erste Eindruck eines Kunden nicht seinen Erwartungen, wird es sehr schwer, die Verkaufsverhandlung noch in eine positive Richtung zu lenken. Dann helfen oft nur noch Rabatte nahe der Schmerzgrenze, um den Auftrag zu erhalten.

Wobei Kundenorientierung nicht bedeutet, Kunden zufrieden zu stellen. Das reicht nämlich nicht! Zufriedene Kunden meckern zwar nicht, sind aber offen für Wettbewerbsangebote. Es geht darum,

Kunden positiv zu überraschen und sie zu begeistern! Wie Ihnen das gelingt? Ganz einfach:

**Tun Sie stets etwas mehr,
als Ihr Kunde von Ihnen erwartet!**

!

Es geht also um das berühmte Quäntchen „Mehr“, um das unerwartete Extra. Wer die Erwartungen seiner Kunden übertrifft, begeistert sie. Und begeisterte Kunden kommen immer wieder, empfehlen Sie gerne weiter, und – man höre und staune: sie akzeptieren höhere Preise!

Kunden begeistern

Gute Preise durch gute Beziehungen

Neben der Kundenorientierung kommt dem „Sympathie-Faktor“ eine entscheidende Rolle zu. Sie können noch so kompetent sein, wenn Ihr Gesprächspartner Sie nicht mag, haben Sie kaum eine Chance. Wenn aber die „Chemie“ zwischen Ihnen und Ihrem Kunden stimmt, dann verläuft das Preisgespräch fair und bei weitem nicht so hart.

Sympathie beeinflusst die Preisverhandlung

Warum das so ist, können Sie am besten nachvollziehen, wenn Sie sich in die Lage eines Kunden versetzen. Nehmen wir einmal an, Sie seien Einkäufer bei der Firma ABC und haben den Auftrag, ein spezielles Gehäuse zu beschaffen. Von den Produkteigenschaften kommen die beiden Angebote der Firmen Fastec GmbH und Belexi AG in Frage. Sie laden die zuständigen Außendienstmitarbeiter zu einem Gespräch ein, um einen möglichen Rahmenvertrag zu besprechen.

Beispiel

Zuerst besucht Sie Helga Zillmer von Fastec, eine attraktive, selbstbewusste Dame. Sie sind positiv überrascht, zumal es selten vorkommt, dass Sie bei einem solch technischen Produkt einer Frau gegenüber sitzen. Helga Zillmer überzeugt schnell mit einer gewinnenden Mischung aus Charme und fachlicher Professionalität. Was sie sagt, hat Hand und Fuß. Sie zeigt Interesse an Ihnen und Ihren Zielen. Am Ende des Gesprächs sind alle Ihre Fragen kompetent beantwortet. Dass sie preislich keine Zugeständnisse macht, beeindruckt Sie eher, als dass es Frau Zillmer schadet. Sie haben das sichere Gefühl, dass sie und das Unternehmen Fastec zuverlässige Partner sein könnten.

Am Nachmittag besucht Sie Egon Flaps von der Belexi AG. Schon bei der Begrüßung kommen Ihnen Zweifel, ob die Zusammenarbeit mit Flaps Spaß machen würde: Er redet sofort von sich, lamentiert über die vielen Staus auf den Straßen und über das unerträglich heiße Wetter. Dann stellt Herr Flaps sich und sein Unternehmen langatmig vor. Sie haben den Eindruck, er spult nur sein auswendig gelerntes Pensum herunter. Aufgrund der sommerlichen Temperaturen bittet er darum, sein Sakko ausziehen zu dürfen. Sie haben prinzipiell nichts dagegen, doch es ärgert Sie, dass er mit dem Ausziehen schon beginnt, bevor Sie auf seine Frage antworten können. Außerdem haben Sie jetzt freien Blick auf seine verschwitzten... na, Sie wissen schon. Egon Flaps ist Ihnen vom ersten Moment an unsympathisch.

Natürlich sind Sie Einkaufs-Profi und haben sich zum Ziel gesetzt, die Angebote objektiv zu vergleichen und den günstigsten Preis zu realisieren. Trotzdem fragen Sie sich: „Was erwartet mich bei der Belexi AG? Was muss ich bei einer Zusammenarbeit mit Egon Flaps noch alles ertragen? Wie wird sich wohl die Zusammenarbeit mit Helga Zillmer gestalten?“ Zweifelsohne wird Ihr Gefühl Ihnen sagen, dass Sie bei Helga Zillmer und Fastec viel besser aufgehoben sein werden.

Kommen wir nun zur alles entscheidenden Gewissensfrage: Um wie viel muss Flaps günstiger anbieten als Zillmer, damit er den Zuschlag erhält? Wie viel „Schmerzensgeld“ verlangen Sie dafür, dass Sie ihn bei einer Zusammenarbeit ertragen müssen? Oder sind Sie kreativ genug, die Entscheidung für die Fastec GmbH gegenüber der Geschäftsleitung zu rechtfertigen, selbst wenn deren Preis etwas über dem der Belexi AG liegt?

Zugegeben: Dieses Beispiel schildert die Situation ziemlich schwarz-weiß. Aber in der Übertreibung wird die Botschaft deutlicher:

Entscheidungen haben immer auch emotionale Gründe.

!

Reflektieren Sie von dieser Warte aus Ihre Preisverhandlungen: Welches Verhältnis haben Sie zu Ihren Kunden, bei denen Sie vernünftige Preise erzielen? Was fühlen Sie, wenn Sie an diese Menschen denken? Vermutlich ist die Erinnerung an sie genauso angenehm wie das Gesprächsklima mit diesen Kunden. Und wie ist das bei Ihren Gesprächspartnern, mit denen Sie harte Auseinandersetzungen führen? Was spüren Sie da? Fühlt sich das als Kampf an statt als Miteinander? Wie sehr mögen Sie diese Menschen? Und was glauben Sie, wie beliebt sind Sie bei diesen Kunden?

Sicherlich wird es Ihnen nicht immer leicht gemacht, eine positive Beziehungsebene aufzubauen. Da gibt es Kunden, die Ihnen zwar mit einem Lächeln, aber in der Sache sehr ernst mitteilen, dass ihre Kaufentscheidung ausschließlich vom Preis abhängig sei. Oder Einkäufer, die darauf geschult sind, sich frei zu machen von Sympathie und gegenseitigem Verständnis, wenn um Euro und Cent gefeilscht wird.

Beziehung ist oft einziges Alleinstellungsmerkmal

Das ändert aber nichts daran, dass in einer Welt, in der Produkte und Dienstleistungen zunehmend austauschbar sind, die Beziehung oft das Einzige ist, mit dem Sie sich eine Alleinstellung verschaffen können. Wenn Sie von Ihren Kunden nicht als „typischer Verkäufer" gesehen werden, der nur deren Geld will, sondern als Freund und Partner, dann sind Sie der entscheidende Unterschied! (Und dann muss es nicht länger der Preis sein...)

Aufbau von Beziehungen verlangt Ausdauer

Sie dürfen nur nicht gleich aufgeben, wenn Ihre Bemühungen auf der Beziehungsebene nicht sofort honoriert werden. Man klopft Ihnen eben nicht anerkennend auf die Schulter, wenn Sie für ein angenehmes Gesprächsklima sorgen. Der Grund dafür liegt unter anderem darin, dass Ihr Gegenüber vermutet, Sie seien nur aus Berechnung nett und zuvorkommend zu ihm, weil Sie ihm etwas verkaufen wollen. Er unterstellt Ihnen gewissermaßen Unehrlichkeit und tritt Ihnen deshalb anfänglich mit Misstrauen gegenüber. Wenn Sie darauf sensibel reagieren und dem Kunden diese Ablehnung zurückspiegeln, können Sie keine vertrauensvolle und tragfähige Beziehung aufbauen.

Entscheidend ist, dass Sie in Vorleistung gehen und sich aufrichtig auf die Persönlichkeit des Kunden einlassen. Wenn Sie ausreichend lange Ihren guten Willen demonstrieren, wird Ihr Gegenüber früher oder später auftauen. Schon Abraham Lincoln wusste: Wenn Sie einen anderen Menschen für Ihre Sache gewinnen wollen, müssen Sie ihn erst davon überzeugen, dass Sie sein aufrichtiger Freund sind.

In Vorleistung gehen

9 Praxistipps für gute Beziehungen

Es ist nicht gerade einfach, seine eigene Fähigkeit, Beziehungen aufzubauen, realistisch einzuschätzen. Denn auf dieser Ebene erhalten Sie kein offenes Feedback. Wenn Sie Ihr Gesprächspartner nicht ausstehen kann, wird er es Ihnen kaum offen ins Gesicht sagen. Statt *„Ich mag Sie nicht!“* oder *„Ich finde, Sie sind ein arroganter Schnösel!“* wird er seine Botschaft verschlüsseln. Dann klingt es beispielsweise so: *„Ich muss mir das Ganze noch einmal überlegen...“* oder kurz und knapp: *„Viel zu teuer!“*.

„Zu teuer“ als Vorwand für schlechte Beziehung

Die Erfahrung zeigt, dass rund die Hälfte aller „harten“ Preisverhandlungen durch Störungen auf der Beziehungsebene hervorgerufen oder deutlich verschärft werden. Salopp ließe sich also sagen:

!

Jeder Verkäufer erzielt die Preise, die er verdient!

In dem Wort „Verdienen“ steckt der Schlüssel. Denn es ist Ihr Verdienst, wenn es Ihnen gelingt, zu den verschiedensten Kundentypen eine vertrauensvolle Beziehung aufzubauen. Diejenigen Kunden für sich zu gewinnen, die einem von Anfang an sympathisch sind, ist keine Kunst. Die wahre Meisterschaft des Verkaufens erreicht nur derjenige, der auch die Menschen für sich gewinnt, die ihm zunächst einmal fremd, unangenehm oder gar schwierig erscheinen. Hier neun Tipps, die Ihnen helfen werden, diese Meisterschaft zu erreichen:

Unsympathische Menschen für sich gewinnen

- Behandeln Sie jeden Kunden als individuelle Persönlichkeit. Sprechen Sie Ihren Gesprächspartner mit Namen an, überreichen sie ihm ein individuell für ihn ausgewähltes Weihnachtsgeschenk, vermeiden Sie gedankenlos gesprochene Sätze wie „Das wird derzeit gerne genommen“ oder „Das sagen viele unserer Kunden“ (wer will schon mit anderen in einen Topf geworfen werden?)... kurz: Stellen Sie sich stets ganz auf Ihren Gesprächspartner ein.

Kunden individuell ansprechen

- Zeigen Sie echtes Interesse an seiner Person. Die Betonung bei diesem Satz liegt auf „echt“. Menschen durchschauen ziemlich schnell, ob das ihnen entgegengebrachte Interesse geheuchelt oder ernst gemeint ist. Mit plumper Anbiederung erreichen Sie nur das Gegenteil von dem, was Sie eigentlich wollen. Beispiel „Small Talk“: Wenn Sie mit dem Hobby Ihres Kunden nichts anfangen können, dann schneiden Sie dieses Thema auch nicht an. Das ist wenigstens ehrlich. Gehen Sie in jedes Gespräch mit einer gehörigen Portion Neugier: Was ist das für ein Mensch? Welche Vorlieben hat er, welche Meinungen? Wenn Sie sich freuen, einen Menschen kennen zu lernen, wird es Ihnen leichter fallen, aufrichtiges Interesse zu zeigen.

Sich auf den Kunden freuen

- Akzeptieren Sie die Eigenarten Ihres Kunden. Jeder Mensch ist anders, jeder hat liebenswerte Seiten, aber auch Ecken und Kanten. Seien Sie tolerant, und verurteilen Sie Ihre Gesprächspartner nicht für die eine oder andere Absonderlichkeit. So vermeiden Sie es, in die „Antipathie-Falle“ zu tappen: Wer die Macken seiner Kunden verurteilt, wird schwerlich eine positive Beziehungsebene aufbauen können.

Tolerant sein

- Suchen Sie nach Gemeinsamkeiten. Sympathie entsteht durch Ähnlichkeit, haben Psychologen herausgefunden. Daher auch das Sprichwort: Gleich und Gleich gesellt sich gern. Welche Interessen und Vorlieben haben Sie mit Ihrem Kunden gemein? Verkaufsprofis drücken auch über ihre Körpersprache aus, dass sie „so einer“ wie ihr Gesprächspartner sind. Zum Beispiel indem sie ihre Sprechgeschwindigkeit oder die Stärke des Händedrucks bei der Begrüßung an die des Kunden anpassen.

Ähnlichkeiten finden

- Anerkennen Sie Ihren Kunden. Jeder Mensch hat das Bedürfnis, anerkannt und bestätigt zu werden. Finden Sie heraus, in welchen Bereichen Ihr Gesprächspartner Zustimmung oder Bewunderung sucht und welcher Ton bei ihm ankommt. Aber Achtung: Platte Schmeicheleien sind Gift für die Beziehung. Zollen Sie ehrliche Anerkennung: gehen Sie ins Detail, fragen Sie nach – so zeigen Sie Sympathie!

Kunden ehrlich aufwerten

- Hören Sie aufmerksam und aktiv zu. Zuhören ist eine der wichtigsten vertrauensbildenden Maßnahmen, weil Zuhören dem Gesprächspartner vermittelt, ihn verstehen zu wollen. Zeigen Sie Ihrem Gesprächspartner durch Rückmeldungen, dass Sie „ganz Ohr sind": Halten Sie Blickkontakt, werfen Sie Zuhörsignale wie *„hm"*, oder *„ich verstehe"* ein, und fassen Sie wesentliche Aussagen des Kunden zusammen (*„Es ist Ihnen wichtig, dass..."*).

Aktiv zuhören

- Geben Sie Ihrem Kunden das Gefühl, er sei (im Moment) die wichtigste Person. Konzentrieren Sie sich ganz auf Ihren Gesprächspartner, und behandeln Sie ihn mit Höflichkeit und Respekt. Lassen Sie sich nicht ablenken, schon gar nicht von Telefonaten (Handy aus!). Unterhalten Sie sich in Verkaufsräumen niemals mit Kollegen, solange Kunden anwesend sind!

Volle Aufmerksamkeit für den Kunden

- Vermeiden Sie offenen Widerspruch. Damit ist nicht gemeint, dass Sie Ihre Fahne nach dem Wind hängen sollen. Im Gegenteil: Für eine respektvolle Beziehung ist es erforderlich, dass

Verständnis zeigen

Sie ehrlich sind und Rückgrat zeigen. Eine Beziehung funktioniert nicht, wenn Sie den Prügelknaben spielen. Doch offener Widerspruch schafft Distanz und verführt zu Rechthaberei. Geschickter ist es, Verständnis für den Standpunkt des Kunden zu zeigen („*Ich verstehe, dass Ihnen das wichtig ist...*“). Anschließend legen Sie Ihre Sichtweise vor („*Leider sehe ich im Moment keine Möglichkeit, wie...*“).

- Pflegen Sie Ihre Kundendatei mit beziehungsrelevanten Daten. Die Bestellhistorie eines Kunden dem Außendienst auf Knopfdruck zur Verfügung zu stellen, ist in den meisten Unternehmen längst Standard. Allerdings gibt es noch ganz andere Daten, die für den Verkaufserfolg viel wichtiger sind als diese Zahlen: die persönlichen Informationen zum Kunden, wie Geburtstage, Vorlieben, (private) Vorhaben, Vereinszugehörigkeiten, Hobbys, Freizeitaktivitäten... Ist eine solche Sammelleidenschaft nicht übertrieben? Keineswegs. Wie wollen Sie denn Ihren Kunden Wertschätzung und Respekt zollen, wenn Sie sie gar nicht kennen? Die Frage „*Na, wie geht's denn Ihrem Sohn?*“ mag gut gemeint sein, erweist sich aber als äußerst peinlich, wenn der Kunde nur zwei Töchter hat!

lin die Kundenkartei gehört auch persönliches

Beziehungspflege muss keine große, anstrengende Aufgabe sein. Oft sind es Kleinigkeiten, die Ihnen helfen, auf der Beziehungsebene zu punkten. Die einzige Voraussetzung: Sie müssen eine gute Beziehung wirklich wollen!

Zusammenfassung

- Bereiten Sie sich auf jede Preisverhandlung gründlich vor. Überlegen Sie sich, welchen Preis Sie erzielen möchten, und welche Alternativen Sie zu einem eventuellen Preisnachlass anbieten können.
- Planen Sie Ihre Verhandlungsstrategie, und legen Sie sich ein „Notfallprogramm“ zurecht, falls Sie Ihren Zielpreis nicht durchsetzen können.
- Die Einstellung Ihres Kunden zum Preis hängt maßgeblich von seinem Bild ab, das er sich von Ihnen, Ihrem Unternehmen und Ihren Produkten macht.
- Tun Sie stets etwas mehr für Ihre Kunden, als diese von Ihnen erwarten. Begeisterte Kunden sind bereit, mehr für Ihre Produkte zu bezahlen.
- Neben einer hohen Kundenorientierung kommt dem „Sympathie-Faktor“ eine entscheidende Rolle zu. Wenn Ihr Gesprächspartner Sie nicht mag, wird die Preisverhandlung härter und schwieriger ausfallen, als wenn die „Chemie“ zwischen Ihnen stimmt.
- Je austauschbarer Ihre Produkte und Leistungen sind, umso mehr wird die Beziehung zwischen Ihnen und Ihrem Kunden zum alles entscheidenden Alleinstellungsmerkmal.
- Geben Sie nicht gleich auf, wenn Ihr Kunde Ihre Bemühungen, eine tragfähige Beziehung aufzubauen, nicht sofort honoriert.
- Die wahre Meisterschaft des Verkaufens erreicht nur derjenige, der auch Menschen für sich gewinnt, die ihm zunächst fremd oder unangenehm erscheinen.
- Sie punkten auf der Beziehungsebene, indem Sie echtes Interesse an der Person eines Kunden zeigen und ihn als individuelle Persönlichkeit behandeln.

4. Kapitel:
Stimmt der Nutzen, stimmt auch der Preis

Der Preis als Spiegel des Kundennutzens

Wenn wir Ihnen eine Flasche Tafelwasser für 50 Euro anböten, würden Sie sie kaufen? Viel zu teuer, meinen Sie? Gemach. Ob Sie kaufen oder nicht, hängt davon ab, wie wertvoll Ihnen eine Flasche Tafelwasser erscheint: Wenn Sie im Supermarkt die Wahl zwischen 10 Marken haben, die nur 60 Cent oder noch weniger kosten, erscheint Ihnen die Flasche für 50 Euro absurd teuer. Sind Sie aber kurz vor dem Verdursten, weil Ihnen bei Ihrem Saharatrip alle Wasservorräte verloren gegangen sind, dann ist Ihr Verlangen nach Wasser so groß, dass der Preis keine Rolle spielt. Das heißt:

!

Ob Ihr Produkt teuer oder preiswert erscheint, hängt einzig und allein davon ab, welchen Nutzen Ihr Kunde in Ihrem Angebot erkennt.

Entscheidend: Ist die Ware den Preis wert?

Die Preis-Psychologie lässt sich sehr anschaulich mit dem Modell der Preis-Wert-Waage erläutern (siehe Abbildung auf der nächsten Seite). Ein Kunde wird immer dann kaufen, wenn er seinen persönlichen Nutzen aus dem Angebot als mindestens so groß bewertet wie den Preis. In diesem Fall erscheint ihm das Produkt seinen Preis Wert, also preis-wert.

Wenn Ihrem Kunden der Preis zu hoch erscheint, haben Sie zwei Möglichkeiten, die Waage wieder ins Gleichgewicht zu bringen. Erstens: Sie senken den Preis – mit allen im 1. Kapitel beschriebenen Nebenwirkungen. Zweitens: Sie packen zusätzliche Nutzen in die Waagschale bis das Produkt für Ihren Kunden mehr Nutzen hat, als es kostet. Dabei können Sie auf zweierlei Arten vorgehen: Entweder Sie erweitern tatsächlich Ihr Leistungsangebot, zum Beispiel durch eine Verlängerung der Garantie, oder Sie verdeutlichen dem Kunden, welchen Nutzen er aus Ihrem Angebot zieht.

Der Königsweg: Den Nutzen verdeutlichen

Die Preis-Wert-Waage

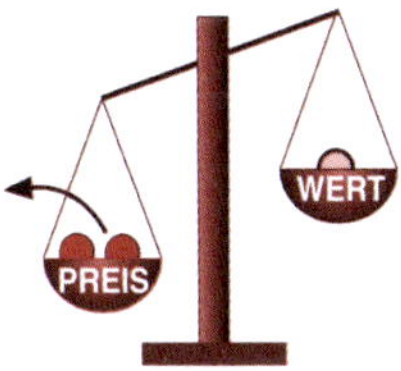

Wiegt für den Kunden der Preis schwerer als der Nutzen (Wert), den er in dem Angebot sieht, wird er versuchen, einen geringeren Preis zu erzielen.

Es gibt aber noch einen anderen Weg, die Waage ins Gleichgewicht zu bringen: Statt im Preis nachzugeben, erhöhen Sie den Wert Ihres Angebots für den Kunden.

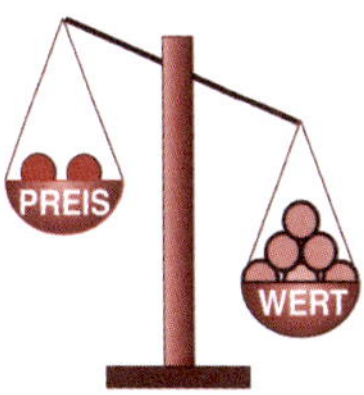

Wiegt der Wert für Ihren Kunden schwerer als der Preis, dann erscheint ihm Ihr Angebot mehr als preis-wert, und der Kaufwunsch ist so stark, dass der Preis in den Hintergrund rückt.

Doch was genau verbirgt sich eigentlich hinter dem Begriff „Nutzen“? Halten Sie diese Frage für einfach zu beantworten? Bevor Sie jetzt müde abwinken, weil das Thema Nutzenargumentation für Sie ein „alter Hut“ ist, machen Sie doch einmal die Probe aufs Exempel: Welche dieser folgenden Aussagen stellen Ihrer Meinung nach einen Nutzen dar?

Test: Erkennen Sie den Nutzen?

1. „Unser Radio-Sender hat eine hohe Reichweite und deckt das gesamte Bundesland Schleswig-Holstein ab. Sie erreichen mit uns etwa 6 Millionen Hörer.“
2. „Die Bohrmaschine verfügt über einen Schraubendreher-Einsatz, so dass Sie damit auch elektrisch schrauben können.“
3. „Durch seine hohe Druckgeschwindigkeit verarbeitet unser Drucker PC3 jetzt 1.400 Serienbriefe in der Stunde. Damit ist er fast doppelt so schnell wie das Vorgängermodell PC2.“
4. „Mit der Grafikkarte in Verbindung mit dem 512 MB-DDR-Ram nutzen Sie die schnelle Rechengeschwindigkeit des Pentium IV optimal aus.“
5. „Die Monitore werden ab Werk entspiegelt. Dadurch werden störende Reflexionen vermieden, sogar bei Sonnenlicht, das seitlich oder von hinten einstrahlt.“

(**STOPP:** Bitte erst antworten, bevor Sie weiterlesen.) Wieviele Kreuzchen haben Sie gemacht? Sind drei die richtige Lösung? Oder doch nur zwei? Weder noch. Es ist kein einziger Kundennutzen dabei. Ja, Sie haben richtig gelesen: In den fünf Beispielen wird kein einziges Nutzenargument genannt. Bevor wir gemeinsam analysieren, warum das so ist, klären wir zunächst, was genau unter einem Nutzen zu verstehen ist:

Ein Nutzen zeigt dem Kunden, wie das Produkt seine individuellen Bedürfnisse und Bedarfe erfüllt.

!

Vereinfacht ausgedrückt: Immer dann, wenn der Kunde eine schlüssige Antwort auf die Frage erhält: „Was habe ich ganz persönlich davon?“ handelt es sich um einen Nutzen.

Produktnutzen: Was habe ich davon?

Beantwortet eine Aussage hingegen lediglich die Frage, was das Produkt kann, so handelt es sich nicht um einen Nutzen, sondern um ein *Produktmerkmal*. Damit sind die Fakten, Daten und Eigenschaften gemeint, die das Produkt oder die Produktleistung beschreiben. Beispiele: *„Die Monitore sind entspiegelt“* oder: *„Die Übertragungsrate beträgt 15.000 Baud pro Sekunde“.*

Produktmerkmal: Was kann das Produkt?

Produktvorteile verdeutlichen, was *man* mit dem Produkt tun kann oder wie es dem Kunden helfen *könnte*. Beispiele: *„Dadurch werden störende Reflektionen vermieden“* oder *„... das führt dazu, dass die Berechnungszeit auf zwei Minuten verkürzt wird.“* Bitte verwechseln Sie „Produktvorteile“ nicht mit „Produktnutzen“. Ein Vorteil erläutert ganz allgemein eine mögliche Dienlichkeit, ein Nutzen erfüllt die konkreten, subjektiven Bedürfnisse desjenigen Kunden, mit dem Sie gerade verhandeln.

Produktvorteil: Wie könnte das Produkt nutzen?

Nehmen wir nun die fünf Beispielaussagen unter die Lupe: Im ersten Fall wird lediglich ein Leistungsmerkmal („6 Millionen Hörer") beschrieben. Die Frage: „Was habe ich als Kunde ganz persönlich davon?" bleibt unbeantwortet; es wird also kein Nutzen vermittelt.

Im zweiten Fall wird ein erweitertes Einsatzgebiet vorgestellt. Das kann ein Vorteil sein, aber es ist kein Nutzen. Ein Nutzen wäre beispielsweise, wenn sich dadurch der Kunde keinen zusätzlichen elektrischen Schraubendreher kaufen müsste und so Geld *spart*. Oder weil diese Eigenschaft ihm seine Arbeit *erleichtert*, da er weniger Werkzeug zur Baustelle schleppen muss. Mit solchen Formulierungen wird die Frage, was der Kunde davon hat, wesentlich spezifischer beantwortet als mit der Feststellung, dass man mit dem Bohrer auch schrauben kann. Genau genommen handelt es sich aber in keinem Fall um einen persönlichen Nutzen, da wir nicht wissen, ob diese Vorteile für den Kunden relevant sind. Vielleicht besitzt er bereits einen elektrischen Schraubendreher, so dass ihm die Zusatzleistung gar nichts bringt. Also wieder kein Nutzen.

Ohne Kundenbedürfnis kein Nutzen

Auch in den Beispielen drei und vier werden lediglich Produktmerkmale dargestellt. Daran ändert auch das kleine Wörtchen „nutzen" nichts. Der Kunde weiß nicht, was ihm das persönlich bringt.

Das letzte Beispiel enthält bloß einen Vorteil, aber wiederum keinen Nutzen. Für eine überzeugende Nutzenargumentation müsste der Verkäufer erklären, was die Entspiegelung der Monitore dem Kunden brächte, beispielsweise ermüdungsfreies Arbeiten und damit verbunden eine gesteigerte Produktivität. Vorausgesetzt, dass dies auch den Zielen und Wünschen des Kunden entspricht.

Was ist also die zentrale Botschaft? Eine überzeugende Nutzenargumentation verlangt, dass Sie die Perspektive des Kunden annehmen. Erzählen Sie Ihrem Gesprächspartner nicht, welche Produkteigenschaften Sie faszinieren, sondern erklären Sie ihm, wie Ihr Angebot seine Wünsche und Erwartungen zufrieden stellt. Das ist oft schwerer als gedacht. Denken Sie nur einmal an Ihre letzten Einkäufe. Bestimmt fallen Ihnen dabei Situationen ein, in denen Sie mangelnde Nutzenargumentation am eigenen Leibe gespürt haben. Beispielsweise so:

Mit den Augen des Kunden sehen

„Sie suchen also eine Digitalkamera. Da hätten wir hier ein ganz neues Modell mit 6,1 Millionen Pixel und 3-fach optischem Zoom mit Makro-Modus bis 4 cm, jetzt im Angebot für nur 299,- Euro.“ Oder im Autohaus: *„Wie kann ich Ihnen helfen?“ – „Ich interesse mich für das neue XL-Cabrio.“ – „Ja, das ist ein schickes Auto. Und mit einer tollen Karosserie in Aluminium-Leichtbau-Weise. Heben Sie mal die Kühlerhaube hoch, wie leicht die ist. Darunter versteckt sich ein 6-Zylinder-Reihenmotor mit elektronischer Einspritzung und 4-Valve-Technik für besondere Laufruhe...“*

Negativ-Beispiele

Ähnlich verhält es sich im B-to-B-Bereich, vor allem wenn es sich um technische Produkte handelt: *„Unsere TK-Nebenstellenanlage Z20 verfügt über 2000 Ports und ermöglicht den Anschluss von bis zu 500 Knoten zusätzlich. Die Anlage wird problemlos über einen PC gesteuert, was auch eine Analyse der Telefonkosten ermöglicht sowie die Verwaltung der Zugangsberechtigungen Ihrer Breitband-Internetanschlüsse, die selbstverständlich in unserem Leistungspaket inklusive sind..."*

Leider leiern viele Verkäufer immer noch Produktmerkmale auswendig herunter, statt kundenbezogen Nutzen aufzuzeigen. Damit nicht genug: Sie sprechen oft einen Fach-Jargon, den kaum ein Mensch versteht. Manchmal wohl sie selbst nicht. Gut, wenn Sie das nicht (mehr) tun. Denn:

!

Je deutlicher Ihr Kunde seinen Nutzen erkennt, desto mehr wird er Ihnen dafür bezahlen.

Nutzenorientiert verkaufen bedeutet bedarfsgerecht beraten

Produkte werden aus den verschiedensten Motiven gekauft

Weil Menschen ganz verschieden sind, hat auch jeder Kunde ganz individuelle Bedürfnisse. Wenn zwei Menschen das gleiche Produkt kaufen, kann das aus unterschiedlichen Motiven heraus geschehen. Der eine kauft eine bestimmte Uhr, weil er sich dadurch Bewunderung von seinen Freunden vespricht, für einen anderen ist die Freude am gelungenen Design ausschlaggebend, und ein dritter hat sich für das Modell entschieden, weil er als Taucher eine Uhr braucht, die bis zu einer Tiefe von 30 Metern zuverlässig arbeitet.

Bevor Sie überzeugend argumentieren können, müssen Sie erst die individuellen Ziele, Wünsche und Erwartungen des Kunden herausfinden. Andernfalls wird Verkaufen zur Lotterie. Wenn Sie nicht genau wissen, was Ihr Kunde will, können Sie nur „auf Verdacht" den einen oder anderen Vorteil erwähnen, in der Hoffnung, dass dieser die Interessen des Kunden trifft. Statt wahllos Argumente ins Blaue zu feuern, ist es besser, gezielt vorzugehen und gleich ins Schwarze zu treffen.

Bedarfsgerecht argumentieren

Vereinfacht ausgedrückt geht es beim Verkaufen darum, möglichst schnell und präzise herauszufinden, was der Kunde erwartet, und ihm dann das Gefühl zu vermitteln, dass mit dem Kauf des Produkts seine Erwartungen erfüllt werden. Gelingt Ihnen das nicht, wird der Kunde Ihr Angebot ablehnen und zwar oft, wie Sie selbst wissen, mit dem Standardeinwand: *„Zu teuer!"*

Der erste Schritt zur professionellen Argumentation ist, die Interessen und Kaufmotive des Kunden zu erkennen. Am häufigsten werden Ihnen in Ihrer Verkaufspraxis Bedürfnisse aus den folgenden fünf Hauptgruppen begegnen:

Kaufmotive lassen sich in 5 Gruppen einteilen

- Motivgruppe „Gewinnstreben und Kostenorientierung": Dazu gehören Umsatz, Profit, Handelsspanne, Kostenersparnis, Produktivität...
- Motivgruppe „Bequemlichkeit": Hier spielen Aspekte eine Rolle wie Arbeitserleichterung, Vereinfachung, Qualität, Komfort, Wartungsfreiheit, Aufwandreduzierung, Serviceleistungen...

- Die Motivgruppe „Sicherheitsstreben“ umfasst beispielsweise Langlebigkeit, Garantie, Zuverlässigkeit, Risikominimierung, Geborgenheit, Schutz, Qualität, Referenzen...
- Zur Motivgruppe „Prestigedenken“ gehören u.a. Wertschätzung, Anerkennung, Image, der „Erste“ sein, Luxus, Einfluss und Macht, Status...
- Motivgruppe „Freude und Wohlgefühl“: Hier findet sich alles, was Spaß und Vergnügen bereitet wie Spannung, Entspannung, Zerstreuung, Gesundheit, Selbstverwirklichung...

Und wie finden Sie die entscheidenden Kaufmotive im Kundengespräch heraus? Indem Sie sich ausreichend Zeit für eine ausführliche Bedarfsanalyse nehmen, gezielt Fragen stellen, genau hinhören und aufmerksam beobachten. Sehen wir uns dazu ein Beispiel an:

Beispiel

Benedikt Lamprecht verkauft Lasertechnologie an Unternehmen, die in der Produktion Bleche sowohl zuschneiden als auch zusammenschweißen. Sein Gesprächspartner ist der Einkäufer Norbert Klein.

Klein: „Nun, Herr Lamprecht, wie mir unser technischer Leiter mitgeteilt hat, erfüllt Ihre Anlage unsere technischen Anforderungen, und wir haben Sie deshalb mit einem anderen Anbieter in die engere Auswahl genommen. Jetzt sagen Sie mir doch mal, warum wir den Auftrag an Sie vergeben sollten.“

Lamprecht: „Nun, unser Hochleistungslaser ist zusätzlich mit einer kleinen Kamera ausgestattet. So ist es möglich, an einem separaten Bildschirm den Vorgang zu überwachen und zu steuern. Dies bringt

Ihnen den Vorteil, dass der Schneidevorgang sehr genau durchgeführt werden kann. Darauf hat auch Ihr technischer Leiter sehr viel wert gelegt."

Was meinen Sie: Hat Lamprecht den Nutzen seines Produktes gut argumentiert? Leider nicht, wie die Antwort des Einkäufers zeigt:

Klein: „Das kann Ihr Wettbewerber auch – und der bietet uns die Gesamtlösung 3.000 Euro billiger an!"

Und schon sitzt Klein in der „Preisfalle". Was ist passiert? Warum hat die „Nutzenargumentation" nicht funktioniert? Na, weil Lamprecht gar keinen Nutzen aufgezeigt hat! Er hat einen Vorteil mit einem Nutzen verwechselt. Die zusätzliche Kameraüberwachung ist für den technischen Leiter sehr wohl ein Nutzen. Weil dieses Leistungsmerkmal *seinen* Bedürfnissen gerecht wird. Aber für den Einkäufer stellt es keinen Nutzen dar. Er hat ganz andere Bedürfnisse. Ob der Laser über eine zusätzliche Kamera verfügt, ist ihm ziemlich egal, zumal er über ein Wettbewerbsangebot mit vergleichbarer Technik verfügt.

Einkäufer haben andere Bedürfnisse als Techniker

Statt technische Argumente ins Feld zu führen, hätte Lamprecht besser die Anliegen und Erwartungen des Einkäufers erfragt. Etwa so:

Verbessertes Beispiel

Klein: „Nun, Herr Lamprecht, ...sagen Sie mir doch, warum wir den Auftrag an Sie vergeben sollen."

Lamprecht: „Das mache ich gern, Herr Klein. Um mir vorab noch ein klareres Bild machen zu können, sagen Sie mir bitte, welche Gründe dazu geführt haben, dass wir in die engere Auswahl gekommen sind."

Klein: „Wie Sie wissen, haben wir einen sehr hohen Qualitätsanspruch bei der Fertigung unserer Produkte. Das bedeutet, dass die Schnitte bei den Blechen ganz exakt ausgeführt werden müssen. Unser technischer Leiter, Herr Maier, möchte deshalb einen Laser mit Kameraüberwachung einsetzen, den nur Sie und ein anderer Wettbewerber anbieten."

Lamprecht: „Und welche Anforderungen stellen Sie als Einkäufer an uns? Was ist für Sie wichtig?"

Herr Klein: „Für mich ist neben einem guten Preis und einer termingerechten Lieferung wichtig, dass wir nur einen Ansprechpartner in Ihrem Unternehmen haben, der uns bei allen Fragen zur Anwendung und Wartung Ihres Lasers zur Verfügung steht."

Lamprecht: „An welche Fragen denken Sie dabei, Herr Klein?"

Jetzt erhält das Gespräch eine ganz andere Färbung: Statt mit seiner vorschnellen und dazu noch unpassenden Argumentation eine harte Preisverhandlung zu provozieren, erforscht Lamprecht im zweiten Fall erst einmal die Belange des Einkäufers. Natürlich wird auch in diesem Fallbeispiel der Einkäufer zum gegebenen Zeitpunkt auf den Preis zu sprechen kommen. Allerdings hat der Verkäufer jetzt die Möglichkeit, sowohl die Vorteile für das Unternehmen als auch den persönlichen Nutzen für den Einkäufer in die „Waage" zu legen. Und so verliert die Preisverhandlung an Schärfe. Halten wir fest:

!

Fehler in der Bedarfsanalyse rächen sich spätestens in der Preisverhandlung!

10 Praxistipps für überzeugendes Argumentieren

„Der Köder muss dem Fisch schmecken, nicht dem Angler." Eine Binsenweisheit? Ja, aber fast jeder Verkäufer kann seine Argumente noch stärker auf den Kunden ausrichten und überzeugender formulieren. Aus Gewohnheit oder weil man es nicht anders gelernt hat, verfällt man nur zu schnell in die Aufzählung von Merkmalen oder Vorteilen. Und Gewohnheiten zu ändern ist gar nicht so einfach, wie jeder aus eigener Erfahrung weiß. Da hilft es auch nicht, es vom Kopf her unbedingt zu wollen. Und so passiert es trotz ehrlichen Bemühens öfter als einem lieb ist, dass man in einem Verkaufsgespräch fast reflexartig in die Merkmalsargumentation zurückfällt.

Der routinemäßige „Merkmal-Aufzähl-Reflex"

Beobachten Sie sich bei den nächsten Verkaufsgesprächen am besten einmal selbst, wie gut es Ihnen gelingt, nutzenorientiert zu argumentieren. Falls Sie der Meinung sind, in diesem Bereich noch etwas dazulernen zu können, werden Sie die folgenden zehn Tipps für überzeugendes Argumentieren vorwärts bringen:

- Erst fragen, dann argumentieren! Machen Sie sich diese Erkenntnis zu Ihrem Leitsatz. Beim Verkaufen ist es ähnlich wie beim Arzt: Ohne Diagnose keine Therapie; ohne Problemanalyse bzw. Bedarfsanalyse keine Beratung.

Nicht zu früh argumentieren

- Erstellen Sie einen Fragenkatalog zur Bedarfsanalyse! Damit Sie im richtigen Moment die rich-

Fragen zur Bedarfs-analyse zurechtlegen

tige Frage parat haben, ist es hilfreich, sich eine entsprechende Frageliste zusammenzustellen. Mit offenen Fragestellungen animieren Sie den Kunden, viel von sich und seinen Vorstellungen preiszugeben. Einige Anregungen als Starthilfe für Ihre persönliche Frageliste finden Sie im unten stehenden Kasten.

„Nutzen-fibel" erstellen

- Bereiten Sie Ihre Nutzenargumente vor! Ordnen Sie den Leistungsmerkmalen Ihrer wichtigsten Produkte mögliche Nutzenargumente zu, und tragen Sie diese in einer „Nutzenfibel" zusammen. Führen Sie diese Argumentationshilfe stets mit sich, und lesen Sie darin, beispielsweise in Wartezeiten. Auf diese Weise gehen

Starter-Liste
für Fragen zur Bedarfsanalyse

Worauf legen Sie besonderen Wert? Aus welchen Gründen?

Was ist für Sie bei der Auswahl eines Lieferanten von entscheidender Bedeutung? – Und was noch?...

Welche Anforderungen stellen Sie an...?

Wie zufrieden sind Sie mit...?

Welche Erfahrungen haben Sie mit ... gemacht?

Welche Ziele verfolgen Sie mit...?

Welche Vorstellungen / Erwartungen haben Sie?

Wofür interessieren Sie sich besonders?

Was müssten wir Ihnen bieten, damit ...?

Welche Bedeutung hat für Sie...? / Wie wichtig ist Ihnen...?

Ihnen die Nutzen allmählich in Fleisch und Blut über, so dass Sie dann garantiert nicht mehr dem „Merkmal-Aufzähl-Reflex“ erliegen. Sie erleichtern sich die Anwendung, wenn Sie bei Ihrer Sammlung die möglichen Kundennutzen entsprechend den fünf grundlegenden Kaufmotiven sortieren (siehe Formular auf der nächsten Seite). Zugegeben, das ist erst einmal Arbeit und kostet Zeit. Aber es ist eine einmalige Investition, von der Sie viele Jahre profitieren. Möglicherweise können Sie diese Aufgabe auch auf mehrere Schultern verteilen, indem Sie Ihre Kollegen motivieren, mitzumachen.

- Verwenden Sie „Brückensätze“! Das sind spezielle Formulierungen, die Ihnen helfen, flüssig und gewandt die „Brücke“ vom Leistungsmerkmal zum Kundennutzen zu schlagen. Beispiele für solche Überleitungen sind: *„Das bedeutet für Sie...“, „ Das garantiert Ihnen...“, „Somit ersparen Sie sich...“, „Sie erzielen dadurch...“, „Das ermöglicht Ihnen...“* und so weiter.

Vom Merkmal zum Nutzen

- Formulieren Sie verständlich. Wenn Sie Ihren Kunden mit Ihrer Argumentation erreichen wollen, dann verzichten Sie – soweit irgendwie möglich – auf Fachbegriffe, Fremdwörter, Abkürzungen und Worthülsen, so fortschrittlich diese auch klingen mögen. Auch hier empfiehlt sich wieder der Selbsttest: Beobachten Sie in der nächsten Zeit, wie viele Anglizismen und Fachwörter Sie in Ihren Verkaufsverhandlungen verwenden. Sie werden erstaunt sein, wie viel

Fachjargon vermeiden

Nutzenfibel

Vom Leistungsmerkmal zum individuellen Kundennutzen

Kurzbeschreibung des Leistungsmerkmals:

Möglicher Nutzen für Ihre Kunden:

a) Motivgruppe: Gewinnstreben/Kostenorientierung

b) Motivgruppe: Bequemlichkeit/Einfachheit

c) Motivgruppe: Sicherheitsstreben

d) Motivgruppe: Prestigedenken/Anerkennung

e) Motivgruppe: Freude/Persönliches Wohlgefühl

Diese und weitere Checklisten gibt es im Internet unter www.sellingpower.de im Service-Bereich zum kostenlosen Download.

Fachjargon sich da einschleicht. Die meisten Gesprächspartner fragen jedoch nicht nach, wenn sie einen Begriff nicht verstehen, und diejenigen, die sich im Gespräch mit Ihnen dumm vorkommen, werden sich sicher kein zweites Mal so fühlen wollen. Was das für Ihren Verkaufserfolg bedeutet, wissen Sie selbst. Einzige Ausnahme: Der Kunde ist Fachmann und spricht selbst fließend „Fach-Chinesisch".

- Stellen Sie den Nutzen konkret dar! Erläutern Sie Ihrem Gesprächspartner seinen Nutzen genau und nachvollziehbar. Untersuchungen zeigen, dass allgemeine Formulierungen deutlich weniger Überzeugungskraft besitzen als klare Aussagen, selbst wenn diese nur auf Annahmen beruhen. Statt: *„Sie senken mit diesem Additiv Ihren Spritverbrauch"*, formulieren Sie griffiger: *„...senken Sie Ihren Spritverbrauch um 8 bis 10%. Bei Ihrer Fahrleistung sparen Sie so pro Jahr über 250 Euro!"* Führen Sie Beispiele und Vergleiche an, falls sich der Nutzen nicht in Zahlen ausdrücken lässt. Sagen Sie nicht: *„Das Mahlwerk arbeitet so zuverlässig, dass kaum Ausfallzeiten anfallen"*, sondern: *„Es ist wahrscheinlicher, vom Blitz erschlagen zu werden, als dass das Mahlwerk ausfällt."*

Je anschaulicher, desto besser

Natürlich müssen Ihre Aussagen stimmen, damit Sie Ihre Glaubwürdigkeit nicht verlieren. Fragen Sie die Produkt- und Marketingspezialisten in Ihrem Unternehmen, wie sich Produktvorteile beziffern lassen. Notfalls stellen Sie eigene Berechnungen an oder bitten gute Kunden um konkrete Zahlen.

Stellen Sie sich auf Ihre Ansprechpartner ein

- Argumentieren Sie in der Sprache Ihrer Kunden! Im B-to-B-Geschäft verhandeln Sie meist mit verschiedenen Personen, die ganz unterschiedliche Interessen vertreten. Ein Geschäftsführer will wissen, was Ihr Angebot für sein Unternehmen bringt; ein Techniker interessiert sich für technische Details, ein Einkäufer dafür, wie flexibel Sie liefern können. Beispiele für typische Nutzenerwartungen der verschiedenen Zielgruppen finden Sie in der Übersicht auf der gegenüberliegenden Seite. Erstellen Sie daraus Ihre eigene Nutzen-Matrix: Welche Funktionsträger sind beim Kauf Ihrer Produkte an der Entscheidung beteiligt? Welche Nutzenerwartungen haben sie? Wie werden Sie diesen Erwartungen gerecht? Am besten tragen Sie die Ergebnisse in Ihre „Nutzenfibel“ ein. So haben Sie das Wesentliche stets griffbereit, wenn Sie sich auf ein Kundengespräch vorbereiten.

Treffend argumentieren

- Spielen Sie nur Ihre Trümpfe aus! Statt alle Vorteile, die für Ihr Angebot sprechen, herunterzurasseln, wählen Sie mit Bedacht nur diejenigen Aspekte aus, die für den Kunden relevant sind. Ein treffendes Argument ist besser als zehn, die ins Leere gehen.
- Entwickeln Sie den Nutzen gemeinsam mit Ihrem Kunden! Treffen Sie auf ein Bedürfnis, das Sie (scheinbar) mit Ihrem Angebot nicht erfüllen können, geben Sie nicht gleich auf! Vielleicht

Beispiele für unterschiedliche Nutzenerwartungen verschiedener Zielgruppen

Typische Nutzenerwartungen von Einkäufern:

- Einfache Bestellvorgänge, möglichst geringer Verwaltungsaufwand
- Übersichtliche Anzahl von Lieferanten, damit verbundene Bündelung von Einkaufsmengen und Anzahl der Bestellungen
- Zuverlässige, termingerechte Abwicklung, flexible und schnelle Lieferung
- Bestes Preis-Leistungs-Verhältnis

Typische Nutzenerwartungen im Bereich Technik:

- Zuverlässige Technik, sichere Funktionen
- Reibungsloser Produktionsablauf als Grundlage für eine kostenoptimierte Fertigung
- „Stand der Technik", raffinierte technische Lösungen
- Kompatibilität
- Geringe Durchlaufzeiten, einfache Produktionsprozesse
- Berücksichtigung bestehender Abläufe
- Einfache Bedienung / Verarbeitung / Wartung
- Vereinfachung, Verkleinerung, Gewichtsersparnis usw. von Elementen und Baugruppen

Typische Nutzenerwartungen von Geschäftsführern:

- Auswirkungen auf Gewinn, Kosten, Umsatz, Image, Betriebsklima, Organisation
- Strategische Aspekte wie Erzielen von Wettbewerbsvorteilen
- Verminderung von Risiken

Im Notfall den Kunden fragen

sehen Sie nur den Wald vor lauter Bäumen nicht. Beziehen Sie Ihren Kunden in die Suche nach einem Nutzenargument ein: *„Wenn Sie* ...(Bedürfnis)... *wollen, was kann ich da für Sie tun?"* Oder: *„Was würde Ihnen jetzt weiterhelfen?"* Und dann überlegen Sie gemeinsam, welches Leistungsmerkmal Ihres Angebots zur Nutzenerwartung des Kunden passt. Meistens klappt das erstaunlich gut.

Auf dem Laufenden bleiben

- Aktualisieren Sie Ihre Nutzenliste! Wenn Ihnen ein neuer Nutzen bewusst wird, ergänzen Sie am besten sofort Ihre „Nutzenfibel". Notieren Sie auch die Zielgruppe, die Bedarfssituation und die dazugehörende Argumentationskette. So werden Sie im Laufe der Zeit immer besser!

Mehr-Preise durch Mehr-Werte

Kein Mensch will billig einkaufen. Billig ist minderwertig. Wir wollen preiswert einkaufen. Das Produkt muss den Preis wert sein. Was aber, wenn es das aus Sicht des Kunden nicht ist? Dann vermitteln Sie ihm seinen Nutzen anschaulich und nachvollziehbar. Das ist die Quintessenz aus dem Modell der Preis-Wert-Waage. Und wenn die Vorteile dem Kunden nicht ausreichen? Dann haben Sie nur noch eine Möglichkeit: Sie erhöhen den Leistungsumfang Ihres Angebots. Das heißt, Sie bieten dem Kunden einen zusätzlichen Nutzen, der bislang nicht Bestandteil Ihres Angebots war oder über den Sie bislang nicht gesprochen haben. Falls sich Ihr Standardangebot kaum oder gar nicht vom Wettbewerb unterscheidet, sind solche Mehr-Werte oder Zusatznutzen neben Ihrer engagierten Betreuung das einzige Mittel, den Preis vor der Demontage durch den Kunden zu retten. Vor allem im Servicebereich bieten sich vielfältige Möglichkeiten an, den Wert Ihres Angebots zu erhöhen. Gängige Beispiele für Zusatznutzen sind:

Sich durch Zusatznutzen vom Wettbewerb abgrenzen

- Kostenlose Erstinspektion/Wartung
- 24-Stunden-Austauschservice bei Reparaturen
- Flexible Lagerhaltung, die auch außerplanmäßige Abrufe bei Rahmenverträgen ermöglicht
- Verlängerte oder erweiterte Garantieleistungen
- Anwenderschulungen, Einweisungen
- Zusätzliche Werbeartikel für den Handel

Und vieles andere mehr. Wie Sie sehen, muss es sich dabei nicht um Alleinstellungsmerkmale handeln. Manchmal reicht es eben, ein kleines „Zuckerl“ in die Waagschale zu geben, um das Gleichgewicht herzustellen. Vielleicht hat ja Ihr Kollege vom Wettbewerb einen entsprechenden Mehr-Wert gar nicht im Programm, oder er „versäumt“ es, dem Kunden diesen Vorteil nahe zu bringen.

Manchmal retten auch Kleinigkeiten den Auftrag

Mehr Erfolg versprechen natürlich Leistungen, die Ihr Wettbewerb nicht anbietet, insbesondere solche, die sich nicht problemlos kopieren lassen. Idealerweise sollte jeder in Ihrem Unternehmen laufend daran arbeiten, neue Mehr-Werte zu kreieren und die bestehenden Produkte zu verbessern. Nicht selten erzielen selbst kleine Änderungen überraschend große Wirkungen. So hat zum Beispiel ein Unternehmen, das elektronische Baugruppen fertigt, in einem Detail die Transportverpackung verändert. Dadurch wird das Handling der Platinen wesentlich erleichtert; es können sogar bestimmte Funktionsprüfungen durchgeführt werden, ohne dass die Produkte dazu herausgenommen werden müssen. Das erspart den Kunden wie dem Hersteller eine beträchtliche Summe.

Beispiel

Beispiel

Ein weiteres Beispiel aus unserer Beratungspraxis ist ein Papiergroßhändler, der Industriekunden mit Kopierpapier beliefert. Durch vergleichbare Produkte stand er unter erheblichem Kostendruck. Die Lösung fand man im eigenen Fuhrpark: Die Fahrer setzen die Paletten nicht mehr „hinter der ersten verschließbaren Tür“ ab, sondern liefern das Papier jetzt paketweise an die einzelnen Kopierstationen. Für diesen Extra-Service zahlen selbst Großkunden gerne etwas mehr. Da viele Wettbewerber Ihre Ware per Spedition versenden, können sie diesen Lieferservice nicht nachahmen.

Mehr-Werte generieren

Wie kommt man auf solche Ideen? Die meisten Anregungen liefert der Personenkreis, der jeden Tag mit Ihren Produkten arbeitet: Ihre Kunden. Wenn Sie in Ihren Gesprächen die Ohren offen halten und bei Andeutungen interessiert nachfragen, werden Sie auf viele brauchbare Verbesserungs- und Service-Ideen stoßen. Nutzen Sie doch die nächste Vertriebstagung dazu, mit einem Brainstorming im Kollegenkreis erste Ideen zu sammeln.

Attraktive Angebote sorgen für attraktive Preise

Da investieren Verkaufs- und Vertriebsmitarbeiter eine Menge Zeit dafür, die Kundenwünsche zu erforschen und im Angebot findet sich nichts davon wieder! Was viele Unternehmen als Angebot versenden, gleicht eher einer Auflistung von Zahlen und allgemeinen Floskeln, denn einem kundenbezogenen Angebot. Produktbeschreibung reiht sich an Produktbeschreibung, kein einziger Vorteil weit und breit, von Kundennutzen ganz zu schweigen.

Nutzen statt Produktmerkmale

Darin liegt Ihre Chance! Machen sie es besser als Ihre Wettbewerber. Versenden Sie hochwertige Angebote, aus denen Ihre Kunden auf den ersten Blick erkennen, welchen Nutzen sie aus Ihrem Produkt oder Ihrer Dienstleistung ziehen. Dieser Punkt ist sehr wichtig, besonders wenn zwischen Ihrem Vorangebotsgespräch und dem Zeitpunkt, an dem Ihr Kunde Ihr Angebot liest, reichlich Zeit vergeht. Erwarten Sie nicht von Ihrem Kunden, dass er sich bei der Vielzahl von Gesprächen und Verhandlungen, die er täglich führt, an Ihre Nutzenargumente noch nach Tagen erinnert.

Vorangebotsgespräche führen

Das setzt selbstverständlich voraus, dass Sie mit Ihrem Kunden sprechen, bevor Sie ein Angebot erstellen. Je nach Branche und Art der Anfrage wird dies entweder in einem persönlichen Gespräch oder per Telefon sinnvoller sein. Wichtig ist nur, dass Sie es auch tatsächlich tun! In diesem Gespräch bauen Sie nämlich nicht nur einen persönlichen Draht zu Ihrem potentiellen Kunden auf, sondern Sie kommen auch an weitere Informationen, beispielsweise wie konkret der Bedarf ist, wer die Kaufentscheidung trifft oder worauf es dem Kunden besonders ankommt. Diese Zusatzinformationen ermöglichen Ihnen, Ihr Angebot kundenorientiert abzufassen und liefern Ihnen zudem wertvolle Ansatzpunkte für eine überzeugende Argumentation bei einer späteren Preisverhandlung.

Anfragen klassifizieren

Falls Sie in einer Branche tätig sind, in der jeden Tag viele Anfragen beantwortet werden müssen, ist es aus Zeitgründen oft nicht möglich, mit jedem Interessenten ein Vorangebotsgespräch zu führen. Ein Ausweg besteht darin, die Anfragen zu klassifizieren und nur mit interessanten Kunden Kontakt aufzunehmen.

Mit Hilfe der nebenstehenden Checkliste können Sie prüfen, wie professionell das Angebotswesen in Ihrem Unternehmen ist. Falls eine Individualisierung der Angebotstexte in Ihrem Unternehmen nicht möglich ist, sollten Sie sich wenigstens darum kümmern, dass

- zu den Angeboten ein personalisiertes Anschreiben versandt wird, in dem die wichtigsten drei Kundennutzen ausdrücklich genannt werden. (Das gilt gleichermaßen für Angebote, die per E-Mail versandt werden!),
- das Angebot wenigstens Produktvorteile beinhaltet.

Checkliste
Professionelle Angebote erstellen

	ja/nein	Maßnahme
Wird das Angebot mit einem personaliserten Begleitbrief versandt?		
Werden im Begleitschreiben die wesentlichen Kundennutzen deutlich herausgestellt?		
Ist das Angebot ansprechend gestaltet und bei mehreren Seiten Umfang auch gebunden?		
Sind die wesentlichen Anforderungen und Wünsche des Kunden in Kurzform enthalten?		
Ist dem Kunden ein angemessener Termin gesetzt worden, bis zu dem er antworten soll bzw. an dem Sie ihn kontaktieren werden?		
Haben Sie zu den einzelnen Produktpositionen auch die damit verbundenen Vorteile aufgeführt?		
Werden auch Nutzen für andere Personen als den direkten Empfänger genannt, die ebenfalls an der Entscheidung beteiligt sind?		
Falls möglich: Haben Sie den Preis durch eine Wirtschaftlichkeitsrechnung abgesichert?		
Wird das Angebot sofort nach Eingang einer Anfrage erstellt?		

Zusammenfassung

- Ob Ihr Produkt teuer oder preiswert erscheint, hängt einzig und allein davon ab, welchen Nutzen Ihr Kunde in Ihrem Angebot erkennt.
- Erhöhen Sie den Wert Ihres Angebots, statt im Preis nachzugeben.
- Ein Produktmerkmal ist die Beschreibung einer Produktleistung, ein Produktvorteil veranschaulicht, wie ein Produkt genutzt werden könnte. Beides sind keine Nutzen!
- Ein Nutzen zeigt dem Kunden, wie das Produkt seine persönlichen Bedürfnisse und Bedarfe erfüllt.
- Kundenbedürfnisse lassen sich in fünf Hauptgruppen einteilen: Gewinnstreben und Kostenorientierung, Bequemlichkeit, Sicherheitsstreben, Prestigedenken sowie Freude und Wohlgefühl.
- Fehler in der Bedarfsanalyse rächen sich spätestens in der Preisverhandlung!
- Bereiten Sie sich auf die Argumentationsphase vor, indem Sie zu jedem Produktmerkmal mögliche Nutzen finden.
- Vermeiden Sie unbedingt Fach-Chinesisch. Je besser Ihr Kunde seinen Nutzen versteht, desto mehr wird er Ihnen dafür bezahlen.
- Übersetzen Sie Ihre Nutzenargumente stets in die Vorstellungswelt Ihres Kunden.
- Ein treffendes Argument ist besser als zehn, die ins Leere gehen.
- Suchen Sie nach Mehr-Werten und Zusatznutzen, mit denen Sie Ihr Angebot aufwerten können.
- Geben Sie Ihren Angeboten eine hochwertige Anmutung, und führen Sie nicht nur die einzelnen Positionen auf, sondern stellen Sie auch die wesentlichen Nutzen heraus!

5. Kapitel:
Die Taktik der klugen Preisnennung

Den Preis im richtigen Moment nennen

Die Frage nach dem Preis kommt im Verkaufsgespräch so sicher wie das Amen in der Kirche. Aber was dann? In unseren Trainings werden wir von Teilnehmern immer wieder gefragt, wie und wann man den Preis nennen soll. Dahinter versteckt sich der Wunsch, durch eine psychologisch geschickte Vorgehensweise die Wahrscheinlichkeit zu erhöhen, dass der Kunde den Preis ohne große Diskussion akzeptiert.

Den „richtigen" Zeitpunkt für die Preisnennung wählen

Beobachtet man Preisverhandlungen, so stellt man fest, dass viele hoffnungsvolle Verkaufsgespräche schon deshalb an der „Preisklippe" scheitern, weil der Zeitpunkt der Preisnennung falsch gewählt wird. Wie wir im letzten Kapitel mit Hilfe des Modells der Preis-Wert-Waage festgestellt haben, kann Ihr Kunde den Preis erst dann einschätzen, nachdem er erkannt hat, welche Vorzüge und Leistungen Ihr Angebot umfasst. Die logische Konsequenz:

!

Sprechen Sie erst dann über den Preis, wenn Ihr Kunde schon ein Wertempfinden für das Produkt aufgebaut hat.

Zu frühe Fragen nach dem Preis zurückstellen

Das wird in der Regel nach der Nutzenargumentation sein. Thematisiert Ihr Kunde den Preis zu einem früheren Zeitpunkt, stellen Sie die Diskussion unbedingt zurück. Hier drei Vorschläge, wie Sie dies formulieren können:

- *„Auf den Preis komme ich gleich zu sprechen; das ist ein wichtiger Aspekt. Wichtig ist auch..."*

- *„Selbstverständlich sprechen wir auch über den Preis. Damit wir das können, brauche ich erst noch einige Informationen von Ihnen über Ihre Vorstellungen zum Produkt sowie zu den erforderlichen Zusatzleistungen."* Führen Sie dann das Gespräch ohne eine Pause mit einer Frage zur Bedarfsanalyse fort.
- Oder Sie stellen eine Gegenfrage: *„An welches Modell haben Sie gedacht?" – „An den 2500er Typ!" – „Und weshalb gerade an dieses Modell?"* Und weiter geht es mit der Bedarfsanalyse...

Bleibt Ihr Gesprächspartner hartnäckig, nennen Sie ihm zur Orientierung eine Preisspanne (*„Je nach Ausführung bzw. Leistungsumfang liegt der Betrag etwa zwischen..."*).

Notfalls Preisspanne nennen

Vermeiden Sie es unbedingt, über Preise zu verhandeln, wenn der Kunde – aus welchem Grund auch immer – schlecht gelaunt ist. Die Gefahr, dass er in dieser Stimmung die Einigung im Preis blockiert, ist einfach zu groß. Spricht der Kunde in einem solchen Moment den Preis an, müssen Sie ihn zunächst aus seinem Stimmungstief wieder herausholen. Hier einige Ideen dazu:

Preise nur bei positivem Gesprächsklima verhandeln

- Fassen Sie die Vorzüge Ihres Angebots zusammen, und zeigen Sie seinen Nutzen auf.
- Kehren Sie zur Bedarfsanalyse zurück, und stellen Sie ergänzende Fragen nach möglichen Zusatzleistungen.
- Sprechen Sie Ereignisse oder Tatsachen an, die bei Ihrem Kunden positiv besetzt sind – auch

wenn dies einen plötzlichen Themenwechsel verlangt.

- Falls es die Situation zulässt, zollen Sie Ihrem Kunden Anerkennung. Aber diese muss stimmig sein, damit Ihre Worte nicht als Schmeichelei oder Ablenkungsmanöver ankommen.
- Im Zweifelsfall unterbrechen Sie das Gespräch, indem Sie eine Pause vorschlagen oder um ein Getränk bitten. In eigenen Verkaufsräumen können Sie Ihren Gesprächspartner um Verständnis bitten, dass Sie „mal ganz kurz" die Frage eines anderen, wartenden Käufers beantworten wollen. Wichtig: Lassen Sie Ihren Gesprächspartner nicht einfach stehen, sondern beschäftigen Sie ihn, beispielsweise indem Sie ihn die Ware ausprobieren lassen.

Ausnahme beachten

Allerdings gibt es zu der Regel „Erst der Nutzen, dann der Preis" auch eine Ausnahme: Abhängig von Produkt und Branche kann es klug sein, bereits zu Beginn eines Gesprächs den Preisrahmen abzustecken. So vermeiden Sie es, Zeit in ein Gespräch zu investieren, das aus Budgetgründen von vornherein zum Scheitern verurteilt ist.

Die Nutzen-Beipack-Taktik

Obwohl es nahe liegend zu sein scheint, auf eine Frage nach dem Preis mit dem Betrag zu antworten, ist diese Vorgehensweise keine gute Idee. Dazu ein anschauliches Beispiel aus dem Bürofachhandel:

Fachverkäufer Lutz Berger berät einen Kunden, der sich für einen Bürosessel interessiert.

Beispiel

Kunde: „Und was soll dieser Stuhl kosten?“

Berger: „450 Euro.“

Kunde: „Was, so viel?“

Bestimmt überrascht Sie die Reaktion des Kunden nicht. Es konnte gar nicht anders kommen, da der Verkäufer den sogenannten Echo-Effekt ausgelöst hat. Echo kennen Sie: Ruft man in den Bergen oder in einem Tunnel laut ein Wort, so wird es von den Wänden reflektiert und hallt drei- oder viermal nach. Einen ähnlichen Echo-Effekt gibt es, wenn man auf die Frage nach dem Preis mit einer nackten Zahl antwortet. Nur dass der Preis nicht an Felswänden widerhallt, sondern im Kopf des Käufers: 450 Euro - 450 Euro - 450 Euro...

Echo-Effekt

Kein Wunder, dass der Kunde mit Ablehnung reagiert, wenn der Preis eine solche Alleinstellung erhält. Denn dadurch verliert der Kunde den Bezug zum Wert des Angebots. Wie können Sie dies verhindern?

Nennen Sie den Preis stets in Verbindung mit einem Nutzen.

!

Auf diese Weise verbindet Ihr Kunde den Preis mit einem Leistungsversprechen. Alternativ können Sie den Preis auch zwischen zwei Nutzendetails einfließen lassen („Sandwich-Methode“). Aber Vorsicht! Keinenfalls dürfen Sie dabei dem bereits erwähnten Merkmal-Aufzähl-Reflex zum Opfer fallen: *„Diesen Bürostuhl mit dem 5-fach*

Preis in Nutzen „einpacken“

Sicherheitsfuss und der Softtouch-Rückenlehne mit schmutzabweisendem Bezug erhalten Sie für 450 Euro inklusive der Wippmechanik und Lieferung frei Haus....“ Mit dem Aneinanderreihen von Produktmerkmalen vermitteln Sie keinen Nutzen. Im Gegenteil: Sie zerreden Ihr Produkt und überrollen den Kunden. Schlimmstenfalls provozieren Sie Ihren Gesprächspartner sogar zum Widerspruch: *„Kein Wunder, dass Ihr Produkt so teuer ist, bei all dem überflüssigen Schnickschnack!“* Wie so oft, gilt auch hier: Weniger ist mehr!

Wie hätte Lutz Berger es besser machen können? Hier unser Vorschlag:

Verbessertes Beispiel

Kunde: „Und was soll dieser Stuhl kosten?“

Berger: „Diesen Stuhl, mit dem Rückenschmerzen endgültig der Vergangenheit angehören, erhalten Sie für 450 Euro. Sie werden sich jeden Tag über ihn freuen. Gerade wenn Sie nach einem 10-Stunden-Tag nach Hause kommen, ohne dass es im Rücken zwickt oder zieht, werden Sie Ihren Feierabend noch mehr genießen!“

Freilich muss der Kunde diesen Punkt zuvor als Entscheidungskriterium genannt haben. Sie wissen ja: Ein Vorteil wird erst dann zu einem Nutzen, wenn der Aspekt für den Kunden relevant ist!

Psychologische Preisschwellen beachten

Übrigens: Berger würde noch überzeugender wirken, wenn er auf die sogenannten psychologischen Preisschwellen Rücksicht nähme: So erscheinen beispielsweise 990 Euro im Vergleich zu 1.020 Euro viel günstiger zu sein als die tatsächliche Differenz von lediglich 30 Euro. Also:

Kalkulieren Sie „krumme“ Preise, idealerweise knapp unter einer Preisschwelle.

!

Obwohl diese Taktik offensichtlich ist, und der Verstand sie sofort durchschaut, funktioniert sie bemerkenswert gut. In unserem Beispiel wäre Lutz Berger gut beraten, den Bürostuhl einen Euro günstiger anzubieten: 449 Euro klingt besser, stimmt's?

Die Taktik der kleinen Preise

Preis in kleine Portionen teilen

Wie isst man einen Elefanten? Ganz einfach: Bissen für Bissen. Dieser Kalauer ist zwar nicht ganz neu, zeigt aber auf amüsante Weise, dass kleine Portionen leichter verdaulich sind als große Brocken. Das ist bei Beträgen ganz ähnlich. Wenn Sie den Preis optisch verkleinern, wächst die Chance einer Einigung.

Beispiel

Werner Wolff will mit seinem Kunden, Philipp Zacher, heute zum Abschluss kommen. Es geht um einen Druckminderer, der chemisch-technische Anlagen sicherer macht.

Wolff: „Herr Zacher, was hindert Sie jetzt noch daran, den Druckminderer Typ 41-23 in Auftrag zu geben?“

Zacher: „Eigentlich nichts, aber mein Chef wird den Kauf nicht absegnen. Die von Ihnen veranschlagten 5.800 Euro sind doch ganz schön heftig. Mehr als 5.200 wird er nicht zustimmen.“

Wolff: „Sie haben doch selbst gesagt, dass unser Druckminderer genau das ist, was Sie brauchen. Sie schätzen die gute Qualität, unseren guten Ruf und wollen die Sicherheit, die wir Ihnen bieten. Das alles hat seinen Preis.“

Zacher: „Ja, schon. Wenn Sie uns noch ein Stück entgegenkommen, dann können wir vielleicht heute zu einer Entscheidung kommen."

Wolff: „Ich habe auf Ihren Wunsch hin schon äußerst knapp kalkuliert. Da muss ich erst meinen Chef fragen, ob wir Ihnen weiter entgegenkommen können."

Mit einer anderen Reaktion hätte Werner Wolff gute Chancen gehabt, den Auftrag mitzunehmen – ohne im Preis nachzugeben! Nachdem der Kunde keine Wettbewerbsangebote ins Spiel bringt, kann man davon ausgehen, dass lediglich die Höhe der Investition den Kunden vom Kauf abhält.

Szenenwechsel: Was ist Ihnen lieber, ein schickes, neues Auto zum Barpreis von 37.500 Euro oder das gleiche Fahrzeug für nur 399 Euro pro Monat? Überflüssige Frage, nicht wahr? Die Macht des kleinen Preises wirkt auf der Gefühlsebene. Da ist Ihr Verstand fast machtlos, auch wenn Ihnen klar ist, dass Sie bei den Monatsraten zusätzlich Finanzierungskosten bezahlen müssen.

Preise „klein rechnen"

Viele Finanzmakler machen sich diesen Trick zu Nutze, wenn sie ihren Kunden vorrechnen, dass die Absicherung der Familie mit einer Risiko-Lebensversicherung gerade mal 2 Euro am Tag kostet. *„Das ist Ihnen die Sicherheit Ihrer Familie doch wert?"* Natürlich! Und schon unterschreibt man einen Vertrag mit einer Jahresrate von 720 Euro.

Wie Sie sehen, lohnt es sich, zu überlegen, wie man den Preis seiner Produkte „klein rechnen" kann. Falls Sie in einer Branche tätig sind, in der

Großmengenpreise angegeben werden, bringt Sie oft schon eine Änderung der Bezugsgröße in einen psychologischen Vorteil. Nennen Sie statt des üblichen 1000er Preises den Stückpreis, und die zuvor noch große Summe ist verschwunden: 8 Euro 20 pro Stück klingt deutlich niedriger als 8.200 Euro für 1.000 Stück. Merken wir uns also:

Präsentieren Sie Ihre Preise in einer Form, die sie möglichst klein erscheinen lässt.

!

Sicherlich ist die „Taktik der kleinen Preise" kein Allheilmittel; schließlich kann jeder Einkäufer rechnen. Auf der anderen Seite sind Menschen emotionale Wesen, die nie nach rein logischen Kriterien entscheiden. Wie hätte nun Werner Wolff seinen Kunden mit Hilfe dieser Taktik überzeugen können? Lesen Sie selbst:

Verbessertes Beispiel

Wolff: „Wenn alles geklärt ist, dann notiere ich jetzt den Auftrag für den Druckminderer Typ 41-23..."

Zacher: „Damit warten Sie mal noch. Die von Ihnen veranschlagten 5.800 Euro sind doch ganz schön heftig. Mehr als 5.200 sollte das Ganze nicht kosten."

Wolff: „Ich verstehe, dass Sie sich diese Ausgabe genau überlegen. Wie lange, glauben Sie, wird dieser Druckminderer bei Ihnen im Einsatz sein?"

Zacher: „Bestimmt fünf bis sechs Jahre, wenn alles normal läuft."

Wolff: „Gut, gehen wir mal von fünf Jahren aus. Herr Zacher, Sie sagten mir vorhin, dass eine Störung Ihrer Anlage durch einen eventuell auftretenden Überdruck bis zu 10.000 Euro Folgekosten verursachen würde. Habe ich das richtig verstanden?"

Zacher: „Im Extremfall schon."

Wolff: „Wäre Ihnen denn die Sicherheit Ihres Produktionsprozesses 3 Euro 18 am Tag wert?"

Zacher: „Klar, aber warum fragen Sie mich das?"

Wolff: „Der Betrag ergibt sich, wenn man unseren Preis für den Druckminderer auf den Tag umlegt, bei angenommenen fünf Jahren Betriebszeit."

Zacher: „Okay, Sie haben ja recht: Das sollte uns die Sache Wert sein."

Wolff: „Gut, dann notiere ich jetzt den Auftrag."

So einfach funktioniert diese Taktik? Nicht immer, aber meistens. Probieren Sie es aus. Besonders wirkungsvoll ist diese Vorgehensweise, wenn Sie sie mit der folgenden Taktik des Differenzpreises kombinieren.

Die Taktik des Differenzpreises

Beispiel

Max Eckel ist Außendienstmitarbeiter bei einem Anlagenbauer. Heute verhandelt er mit seiner Kundin, Monika Schäfer, den Preis eines Neugeschäfts. Sie erweist sich als harte Verhandlungspartnerin:

Schäfer: „So wird das nichts mit dem Auftrag. Wenn Sie die Anlage für uns bauen wollen, dann müssen Sie schon auf unseren Vorschlag eingehen. Wir sind bereit, Ihnen 92.500 Euro zu zahlen."

Eckel: „Das sind 7.300 Euro weniger als von uns angeboten."

Schäfer: „Genau."

Eckel: „Mit den 99.800 Euro sind wir an der Grenze des Machbaren angekommen. Wie kommen Sie darauf, dass wir unser Angebot mit so viel „Luft“ kalkulieren?“

Schäfer: „Ich weiß nicht, wie viel Verhandlungsmasse Sie eingeplant haben. Ich weiß nur, dass wir nicht bereit sind, 99.800 Euro zu zahlen.“

Eckel: „Aber auf 92.500 Euro kann ich beim besten Willen nicht eingehen, Frau Schäfer.“

Max Eckel ist ehrlich bemüht, den besten Preis herauszuholen. Allerdings macht er den Fehler, seiner Kundin stets die große Zahl von fast 100.000 Euro vor Augen zu halten. Taktisch klüger wäre es, nur die Differenz zwischen den beiden Positionen zu thematisieren. Schließlich hat Monika Schäfer zu 92.500 Euro schon „Ja“ gesagt, denn diese Summe ist sie bereit zu investieren. Die Aufgabe des Verkäufers besteht jetzt darin, sich das „Ja“ für die restlichen 7.300 Euro abzuholen. Dafür bieten sich zwei Vorgehensweisen an: Entweder man setzt besondere Leistungen und Kundennutzen in Relation zur Differenz oder man rechnet Aufwände und Kosten dagegen, die bei einem Scheitern der Verhandlung entstehen würden. Gewähren wir nun Max Eckel einen zweiten Versuch:

Die Differenz zum Thema machen

Schäfer: „So wird das nichts mit dem Auftrag... Wir sind bereit, Ihnen 92.500 Euro zu zahlen.“

Verbessertes Beispiel

Eckel: „Es freut mich, dass Sie grundsätzlich mit uns zusammenarbeiten wollen. Wenn ich Sie richtig verstehe, trennen uns noch 7.300 Euro.“

Schäfer: „Genau.“

Eckel: „Stehen diese 7.300 Euro dafür, dass Sie auf diese Anlage verzichten?“

Schäfer: „Wir würden ja nicht verzichten. Es müsste sie dann ein anderer bauen, der das für diesen Preis macht."

Eckel: „Frau Schäfer, was würde das für Sie bedeuten? Es wären weitere langwierige Verhandlungen mit anderen Anbietern notwendig, es müssten technische Details erneut diskutiert werden und so weiter. Das bedeutet für Sie einen beträchtlichen Aufwand, verbunden mit dem Risiko, dass andere die Anlage auch nicht günstiger als wir erstellen können. Rechtfertigen 7.300 Euro all diesen Aufwand?"

Schäfer: „Na ja, das ist viel Geld für uns..."

Eckel: „Das verstehe ich, Frau Schäfer, und ich will gerne dazu beitragen, dass Sie eine gute Lösung bekommen. Ich sehe leider Schwierigkeiten 7.300 Euro allein zu kompensieren. Welchen Beitrag können Sie leisten, damit wir zu einer guten Lösung finden?"

Schäfer: „Na, vielleicht können wir uns wenigstens in der Mitte treffen..."

In nur zwei Minuten hat die Kundin ihre Forderung um 50% reduziert. Zwar ist die Verhandlung an dieser Stelle noch nicht zu Ende, aber jetzt braucht nur mehr eine Differenz von 3.650 Euro überbrückt zu werden. Wenn Max Eckel im nächsten Schritt noch an die Qualität und die Zuverlässigkeit erinnert, die sein Unternehmen bei früheren Aufträgen bewiesen hat, wird sich sein Nachlass in engen Grenzen bewegen. Fassen wir also die dritte Verhandlungstaktik zusammen:

!

Sprechen Sie nur über die Differenz,
die sie von einer Einigung trennt.

Diese Taktik lässt sich auch gut anwenden, wenn der Kunde günstigere Wettbewerbsangebote ins Feld führt. In diesem Fall stellen Sie die Differenz zwischen Ihrem Angebot und dem des Wettbewerbs in Relation zu besonderen Leistungen, die nur Sie bieten.

Eigene Leistungen versus Preisunterschied

Die Taktik der absoluten Beträge

Beispiel

Neulich im Elektrogeräte-Fachhandel. Verkäufer Peter Peine im Gespräch mit einem unangenehmen Kunden, der sich für einen Wäschetrockner interessiert:

Kunde: „Machen wir es kurz: Bei Elektro-Maier in Schwabing bekomme ich 10% auf alle Elektro-Großgeräte. Was ist denn da bei Ihnen möglich?"

Peine: „Dieser Wäschetrockner ist mit 599 Euro schon ziemlich knapp kalkuliert."

Kunde: „Wenn Sie mir die 10% geben, die mir der Elektro-Maier einräumt, dann nehme ich den Trockner jetzt gleich mit!"

Peine: „Na gut, ausnahmsweise..."

Tags darauf wendet sich eine junge Frau an Peter Peine, die eine Mikrowelle kaufen möchte. Schnell ist ein geeignetes Modell gefunden, das der Kundin zusagt. Als Peine den Auftrag notieren will...

Kundin: „Mein Arbeitskollege hat gestern bei Ihnen einen Wäschetrockner gekauft, und der hat mir erzählt, dass Sie ihm 12% Rabatt gegeben haben! Das finde ich toll. Bei einer so exklusiven Mikrowelle muss doch das mindestens auch drin sein."

Peine: „Nee, junge Frau, das kann ich nicht machen!"

Kundin: „Na hören Sie mal. Ich bin extra zu Ihnen gekommen, weil es bei Ihnen dicke Prozente gibt, und jetzt wollen Sie ausgerechnet mir keinen Rabatt einräumen. Bei meinem Kollegen ist es doch auch gegangen...“

Nach einigem Hin und Her einigt man sich auf 10% Nachlass. Übrigens hat der erste Kunde ein halbes Jahr später noch einen Fernseher bei Peine gekauft. Mit Rabatt versteht sich.

Rabatt-spirale droht

Nicht nur im Einzelhandel gilt: Rabatte machen süchtig. Wer einmal Rabatt erhält, wird beim nächsten Kauf wieder Rabatt verlangen. Das ist nicht nur unangenehm, sondern setzt zuweilen eine gefährliche Rabattspirale in Gang, die sich nicht mehr aufhalten lässt. Da hilft nur eins: Keine Rabatte gewähren!

Rabatte nicht in Prozenten ausdrücken

Ja, das meinen wir Ernst: Gewähren Sie keine Rabatte! Aber, werden Sie jetzt einwenden, jeder Verkäufer kommt zuweilen in Situationen, in denen er trotz bester Verhandlungsstrategie nicht umhin kommt, im Preis nachzugeben – zumindest wenn er den Auftrag erhalten will. Da haben Sie zweifelsohne Recht! Bitte verstehen Sie die Empfehlung, keine Rabatte zu gewähren, nicht als Verbot. Damit ist gemeint, dass Sie erstens das Wort Rabatt und zweitens Prozentzahlen nicht in den Mund nehmen sollten.

Prozentsätze lassen sich gut merken. Sie können sicher sein, dass Ihre Kunden beim nächsten Geschäft wieder auf diesen Prozentsatz bestehen werden. Das lässt sich bei Konsumenten wie bei Einkäufern in der Industrie gleichermaßen beobachten. Darüber hinaus lässt sich mit Prozentzahlen gut prahlen: *„Stell Dir vor, ich habe bei diesem Auto 15% Rabatt ausgehandelt!"*

Formulieren Sie also einen notwendigen Nachlass nie in Form von Prozenten, sondern unterbreiten Sie Ihrem Gesprächspartner einen „Sonderpreis" mit einem ganz bestimmten Betrag. Im Raum steht dann eine absolute Zahl, die Sie möglichst „krumm" wählen sollten. Das bringt Ihnen zwei Vorteile: Zum einen suggeriert das Wort Sonderpreis, dass es sich um eine Ausnahme handelt, und zum anderen kann der Kunde nicht gleich ausrechnen, wie viel Sie nachgelassen haben, sofern er kein Meister im Kopfrechnen ist. Am besten nehmen Sie zu Ihren Verkaufsgesprächen stets einen Taschenrechner mit, um Ihre „Sonderpreise" kalkulieren zu können.

„Sonderpreis" als Ausnahme

Nachdem Peter Peine diese Taktik der absoluten Beträge kennen gelernt hat, kommt er mit deutlich geringeren Nachlässen aus. Sehen wir uns einmal an, wie er das jetzt macht:

Verbessertes Beispiel

Kunde: „...bekomme ich 10% auf alle Elektro-Großgeräte. Was ist denn da bei Ihnen möglich?"

Peine: „Wir kalkulieren unsere Preise gleich messerscharf, damit alle unsere Kunden günstig einkaufen. Das ist auch eine Frage der Fairness..."

Kunde: „Mag sein, trotzdem erhalte ich bei Elektro-Maier 10%. Wenn ich die auch von Ihnen bekomme, nehme ich den Trockner gleich mit!"

Peine: „Gut, ich mache Ihnen einen Sonderpreis." Er zieht seinen Taschenrechner heraus und beginnt fleißig zu tippen. „573 Euro 60. Aber das muss unter uns bleiben."

Höchstwahrscheinlich wird der Kunde zu diesem Preis kaufen, auch wenn der Nachlass nicht den geforderten 10% entspricht. Es darf nämlich bezweifelt werden, dass der Kunde bei Elektro-Maier einen Rabatt in dieser Höhe erhält. Denn falls es so wäre, warum hat er dann nicht gleich dort gekauft? Außerdem bringt es für den Kunden einige Unannehmlichkeiten mit sich, zum Ladengeschäft von Elekto-Maier zu fahren, einen Parkplatz zu suchen und so weiter.

Was wird der Käufer am nächsten Morgen seinen Arbeitskollegen über seine Verhandlung erzählen? Wahrscheinlich nichts. Oder bestenfalls, dass er den Wäschetrockner zum Sonderpreis erstanden hat. Und gesetzt den Fall, dass er in einem halben Jahr ein TV-Gerät kaufen will: Glauben Sie, dass er sich dann noch an den Preisnachlass in Höhe von 4,23% erinnert, den er beim Kauf des Wäschetrockners erhalten hatte? Deshalb:

! **Formulieren Sie Nachlässe stets in absoluten Beträgen statt in Prozentzahlen.**

Auch Profi-Einkäufer versuchen gelegentlich, Sie mit pauschalen Rabattforderungen im Preis zu drücken. Widerstehen Sie unbedingt der Versuchung, sofort einen Rabattsatz zu nennen. Und zwar aus drei Gründen:

- Auch Profis merken sich ausgehandelte Rabatte für die nächste Verhandlung!
- Sie erwecken den Eindruck, dass Ihre Kalkulation einen großen Verhandlungsspielraum enthält.
- Sie ermuntern den Kunden, weitere Konzessionen zu fordern („Warum soll ich aufhören, wenn es doch so gut läuft?")

Gründe, keine Prozentzahl zu nennen

Wenn Sie glauben, im Preis nachgeben zu müssen, um einen Auftrag zu retten, legen Sie Ihrem Kunden eine neue Kalkulation vor. So bekommt der Kunde nur absolute Beträgen zu sehen und keine Prozentzahlen. Wobei wir an dieser Stelle ausdrücklich darauf hinweisen wollen, dass Sie niemals einen Nachlass gewähren sollten, ohne auch von Ihrem Kunden ein Zugeständniss zu verlangen. Mehr dazu im nächsten Kapitel.

Besser eine neue Kalkulation vorlegen

Die Salami-Taktik

„Darf es auch ein bisschen mehr sein?" Das ist die Standardfrage der freundlichen Fachverkäuferin beim Metzger um die Ecke. Diese einfache, ja fast naive Frage bringt fünf bis zehn Prozent mehr Umsatz. Schnell und unkompliziert. Wenn sich auf so einfache Weise zusätzlicher Umsatz erzielen lässt, warum wird dann diese Frage andernorts so selten gestellt? Okay, Sie sind kein Metzger, und Sie verkaufen keine Wurst. Vielleicht steckt in dieser Vorgehensweise trotzdem ein interessantes Potential, das nur darauf wartet, ent-

deckt zu werden. Also wollen wir diese Vorgehensweise nicht gleich als unbrauchbar abstempeln, sondern uns die Frage stellen, wie sich dieser Ansatz auch in anderen Branchen umsetzen ließe – etwas abgewandelt oder weiterentwickelt.

Beispiel

Eine große deutsche Autovermietung stellt in ihrer Werbung niedrige Mietpreise in den Vordergrund. So wird beispielsweise die A-Klasse von Mercedes für nur 44 Euro am Tag angeboten. Im Vergleich zur Konkurrenz ein attraktives Angebot. Wenn man dieses Fahrzeug mietet, fragt die Dame am Counter freundlich, ob man dazu auch eine Vollkaskoversicherung abschließen möchte. Da die meisten Kunden Ärger bei eventuellen Schäden vermeiden wollen, lautet die Antwort fast immer „Ja!". Ein paar Tage später flattert die Rechnung ins Haus; und siehe da: Das Auto hat für einen Tag Mietdauer insgesamt 147 Euro gekostet. Fast 300% mehr als das Werbeangebot suggerierte. Wie ist das möglich? Zum Mietpreis von 44 Euro sind hinzugekommen: 35 Euro für die Vollkaskoversicherung, 20 Euro Servicegebühr und 48 Euro für die Zusatzkilometer, die über die im Preis enthaltenen 100 Inklusivkilometer hinaus gefahren wurden. Eine eventuell erforderliche Betankung des Fahrzeugs noch gar nicht eingerechnet.

Einzelleistungen summieren sich

Ja, so kommt eine „Salamischeibe" nach der anderen dazu. Man sollte meinen, dass diese Preispolitik auf Dauer die Kunden verschreckt. Doch das ist ein Irrtum: Das Unternehmen ist seit Jahren Marktführer.

Die Salamitaktik lässt sich aber auch kundenfreundlicher umsetzen: Ein Versandunternehmen von Büroartikeln hat die Mitarbeiterinnen der telefonischen Bestellannahme bei uns schulen lassen, um zusätzlichen Umsatz mit Hilfe von Cross-Selling zu erzielen. Dabei werden dem Kunden aktiv Produkte angeboten, die seine Bestellung ergänzen. Hören wir Claudia Belz, einer Call-Center-Agentin, einmal zu, wie das geht:

Mehrumsatz durch Cross-Selling

Anrufer: „...und dann hätte ich gerne noch 75 Aktenordner mit der Bestellnummer B1234 in Rot.“

Beispiel

Belz: „75 Aktenordner B1234 in Rot... okay... Die dazu passenden Registerblätter haben wir diese Woche zum Kennenlernpreis im Angebot. Sie sind im Katalog auf Seite 175 beschrieben. Möchten Sie gleich welche dazu bestellen?

Anrufer: „Was kosten die denn?“

Belz: „Statt 1 Euro 50 pro Set heute nur 1,20 mit Lochrandverstärkung, so dass sie viele Jahre lang halten.“

Anrufer: „Na gut, dann legen Sie mir 20 Stück dazu.“

Untersuchungen zeigen, dass diese Art der Beratung als angenehm und nicht aufdringlich ankommt, wenn der Kunde die Zusatzangebote als sinnvolle Ergänzung zu seinen Bestellwünschen empfindet. Auf gleiche Weise werden auch im gehobenen Textilfachhandel Mehrumsätze erzielt, indem zum neuen Anzug das dazu passende Hemd mitverkauft wird. In anderen Branchen können beispielsweise zusätzlich Verbrauchsmaterialien oder Wartungsverträge angeboten werden.

Nur passende Zusatzangebote unterbreiten

Na, sind Ihnen schon Ideen gekommen, wie sich diese Verhandlungstechnik in Ihrer Branche gewinnbringend umsetzen lässt? Was könnten bei Ihnen die „Salamischeiben" sein? Um Ihre Kreativität weiter anzuregen, hier noch eine Variante dieser Taktik: Das Verhandeln mit flexiblen Preisen. Beobachten wir dazu einen Pariser Portraitmaler, der seine Dienste am berühmten Montmartre den Touristen anbietet. Wie Sie gleich sehen werden, beherrscht er nicht nur sein Handwerk, sondern auch die Verkaufskunst.

Verhandeln mit flexiblen Preisen

Beispiel

„*Was verlangen Sie für ein Porträt?*", fragt ein Passant, der gerne eine Bleistiftzeichnung von seiner Tochter als Andenken an Paris mit nach Hause nehmen will. Der Künstler antwortet: „*15 Euro*", und beobachtet dabei sein Gegenüber. Nachdem er keine äußerlichen Anzeichen von Erstaunen über den Preis wahrnehmen kann, fügt er schnell hinzu: „*...und zwei Euro für den Zeichenkarton*". Nachdem das Portrait angefertigt ist, bietet er dem Kunden noch eine spezielle Transportverpackung an, damit das Bild wohlbehalten zu Hause ankommt. Macht 3 Euro extra.

Na, haben Sie mitgerechnet? Aus 15 Euro sind am Ende 20 Euro geworden. Indem der Künstler seinem Angebot eine „Salamischeibe" nach der anderen hinzugefügt hat, konnte er satte 33,3% Mehrumsatz erzielen.

Aber was ist, wenn der Kunde nicht mitspielt? Wenn er das Angebot des Portraitmalers mit einem „*Zu teuer*" ablehnt? Auch dann weiß sich der

Künstler zu helfen: Stellen wir uns vor, ein anderer Passant kommt vorbei und stellt die gleiche Frage nach dem Preis. *„15 Euro“* antwortet der Künstler abermals und beobachtet genau die Reaktion des Kunden. Der verzieht das Gesicht und entgegnet: *„15 Euro für 20 Minuten Arbeit, das ist ja Wucher.“* *„Aber Monsieur“*, sagt der Künstler, *„ich gebe Ihnen noch meinen besten Zeichenkarton sowie eine besondere Transportverpackung dazu, damit Ihr Kunstwerk garantiert unversehrt nach Hause kommt. Das allein hat schon einen Wert von 5 Euro. Und diese 5 Euro bekommen Sie sozusagen von mir geschenkt.“*

Selbstverständlich hat der Künstler den Zeichenkarton und die Transportverpackung bereits einkalkuliert, so dass ihn der „Rabatt“ nicht trifft. Im ersten Fall hat er mit dieser Methode sogar beträchtliche Zusatzeinnahmen realisieren können. Die Methode, die hinter dieser Technik steckt, besteht darin, den Preis flexibel an die Situation anzupassen.

Einsatz der Technik abwägen

Unfair? Angenommen, Sie haben einen tollen Job gemacht, und Ihr Kunde ist von Ihnen und Ihrem Angebot begeistert. Dann wird er gerne bereit sein, etwas mehr zu bezahlen, weil es ihm das wert ist. Warum wollen Sie dann auf dieses Umsatz- und Ertragsplus verzichten? Aber letztlich muss ein jeder das Pro und Contra für sich selbst abwägen und prüfen, ob diese Art des Verkaufens seinen Vorstellungen entspricht.

Zusammenfassung

- Sprechen Sie erst dann über den Preis, wenn Ihr Kunde bereits ein Wert-Gefühl für Ihr Angebot entwickelt hat. Stellen Sie deshalb zu frühe Fragen nach dem Preis zurück.
- Vermeiden Sie Preisverhandlungen, wenn Ihr Gesprächspartner nicht offen oder sogar schlecht gelaunt ist.
- Nennen Sie den Preis stets in Verbindung mit einem Nutzen. Achten Sie darauf, nicht in den Merkmal-Aufzähl-Reflex zu fallen.
- Kalkulieren Sie „krumme" Preise, idealerweise knapp unterhalb einer psychologischen Preisschwelle.
- Präsentieren Sie Ihre Preise in einer Form, die sie möglichst klein erscheinen lässt, beispielsweise indem Sie den Anschaffungspreis durch die Nutzungsdauer dividieren und so einen niedrigen Betrag pro Tag erhalten.
- Sprechen Sie nur über die Differenz, die Sie von einer Einigung noch trennt.
- Formulieren Sie unabdingbare Nachlässe in absoluten Zahlen, statt mit Prozentsätzen die fatale Rabattspirale auszulösen.
- In manchen Fällen lässt sich eine Preisverhandlung erleichtern, indem man nur eine Grundleistung anbietet, um dann nachträglich weitere Zusatzleistungen zu verkaufen („Salami-Taktik").

6. Kapitel: Die besten Strategien für erfolgreiche Preisverhandlungen

Wie die Profis verhandeln

Heutzutage achten sowohl Einkäufer in der Industrie als auch Privatkonsumenten mehr denn je auf ihre Kosten und Ausgaben. Sie können also davon ausgehen, dass viele Ihrer Verhandlungspartner alle Register ziehen werden, um den bestmöglichen Preis zu erzielen. Wer da nicht aufpasst, gerät schnell auf die Verliererstraße; insbesondere wenn man nur reagiert, statt zu agieren. Damit Sie Ihren Verhandlungspartnern auf gleicher Augenhöhe begegnen können, ist es erforderlich, über wirkungsvolle Techniken zu verfügen.

Stategien kreativ anwenden

In diesem Kapitel lernen Sie acht Verhandlungsstrategien kennen, mit denen Sie in Preisverhandlungen geschickt agieren. Anhand von vielen Fallbeispielen erleben Sie sozusagen „live", wie sich die Strategien umsetzen lassen. Wenn Sie Ihrer Kreativität freien Lauf lassen, werden Sie viele weitere Möglichkeiten finden, diese Techniken gewinnbringend anzuwenden. Wichtig ist dabei, dass Sie die Strategien verinnerlichen, damit Sie sie auch spontan anwenden können.

Stellen wir zuvor noch einige Überlegungen zur Machtverteilung in einer Preisverhandlung an. Auf den ersten Blick scheint es, als säße der Kunde immer am längeren Hebel. Schließlich sind Sie als Verkäufer vom Wohlwollen des Kunden abhängig, um den gewünschten Auftrag zu erhalten. Doch so einfach ist es nicht. Die Macht des Käufers wird durch die Wertigkeit der Alternativen eingeschränkt, die für ihn neben Ihrem Angebot in Frage kommen. Haben Sie ein Produkt mit einem Alleinstellungsmerkmal, das für Ihren Gesprächspartner von Bedeutung ist, verfügen Sie über eine starke Verhandlungsposition. Und umgekehrt: Haben Sie nichts Besonderes zu bieten, sind Sie leicht erpressbar, auch und gerade beim Preis.

Mangelnde Alternativen beschränken die Macht des Kunden

Um die Machtverhältnisse in einer Verhandlung einschätzen zu können, müssen Sie wissen, unter welchen Sachzwängen Ihr Verhandlungspartner steht. Denn grundsätzlich gilt:

Jeder Sachzwang des Kunden stärkt die Position des Verkäufers.

!

Ein Interessent für eine Immobilie verliert beträchtlich an Verhandlungsstärke, wenn der Makler weiß, dass dessen Mietvertrag Ende des Monats ausläuft. Ein Einkäufer verfügt über keine Macht, wenn er von der Entwicklungsabteilung den Lieferanten vorgeschrieben bekommt – und deshalb keine Alternativen hat. Solange Sie solche Sachverhalte nicht kennen, überschätzen Sie die Verhandlungsstärke Ihres Kunden. So kann der Einkäufer Ihnen gegenüber den starken Mann markieren und mit einem Auftragsentzug drohen, obwohl dieses Szenario für ihn gar keine Option darstellt. Nirgendwo gilt das geflügelte Wort „Wissen ist Macht“ mehr als in der Verhandlung!

Freilich wird Ihnen die Gegenseite ihre Sachzwänge nicht auf die Nase binden. Vor diesem Hintergrund wird noch einmal ganz besonders deutlich, wie

Auch hier: Beziehungsebene ist wichtig

wichtig der Aufbau einer guten Beziehungsebene ist. Je entspannter die Gesprächsatmosphäre, desto eher werden Sie im lockeren Plauderton die eine oder andere Information erhalten, die Ihnen dann in der Preisverhandlung nutzt. Eine gute Fragetechnik tut ihr Übriges dazu.

Gegenleistung für Rabatt fordern

Ein zweiter wichtiger Punkt für Ihren Verhandlungserfolg ist der Grundsatz, niemals nachzugeben, ohne gleichzeitig eine Gegenleistung zu verlangen. Im ersten Kapitel haben wir aufgezeigt, welche Folgen Rabatte für den Gewinn Ihres Unternehmens haben. Gelingt es Ihnen, eine Gegenleistung für einen Nachlass zu bekommen, so haben Sie die Chance, zumindest einen Teil des Nachlasses wieder hereinzuholen. Ein Zugeständnis, das Sie Ihrem Kunden auf dem Silbertablett servieren, hat über die Ertragsverluste hinaus noch weitere fatale Folgen: Gewinnt der Kunde den Eindruck, dass Sie auf eine Rabattforderung schnell eingehen,

Folgen von Nachlässen

- ermutigen Sie ihn, weitere Nachlässe zu fordern – jetzt und für alle Zukunft,
- geben Sie ihm das Gefühl, dass Ihr Angebot von vornherein überteuert war, was ihn anspornen könnte, weitere Zugeständnisse zu fordern,
- haben Sie (ohne Not) Ihre Trümpfe verloren, was sich noch böse rächen könnte,
- rauben Sie Ihrem Kunden das Triumphgefühl, einen starken Gegner nach zähem Ringen doch noch „besiegt“ zu haben – was ihn möglicherweise animiert, den Preis nochmals zu drücken.

Welche Konzessionen könnten Sie im Gegenzug von Ihren Kunden verlangen? Nun, das hängt von den Produkten und von der Branche ab, in der Sie tätig sind. Denkbar sind beispielsweise:

Typische Gegenleistungen

- Statt frei Haus zu liefern, holt der Kunde die Ware selbst ab.
- Der Kunde stellt eigene Techniker für die Installation einer Anlage zur Verfügung.
- Statt alle Mitarbeiter, die mit einer Maschine arbeiten, einzuweisen, wird nur eine Person geschult, die dann die Kollegen einweist.
- Der Kunde akzeptiert kürzere Zahlungsziele.
- Anstelle einer aufwendigen Einzelverpackung wird die Ware in Großbehältern geliefert.
- Der Kunde verzichtet auf Garantien.

Die besten Ergebnisse erzielen Sie, wenn Sie nicht gleich mit der Tür ins Haus fallen. Beobachten wir dazu einen findigen Verkäufer:

Beispiel

Verkaufsingenieur Olaf Kurz verhandelt mit Konrad Rauh, einem technischen Einkäufer, über den Kauf einer automatischen Dosieranlage für Klebstoffe.

Rauh: „Mit Ihrem Preis komme ich nicht klar, Herr Kurz. Ich erwarte, dass Sie auf 25.000 Euro runtergehen, das sind etwa 8%."

Kurz: „Können Sie sich vorstellen, dass Sie unseren Technikern die Installation der Anlage erleichtern?"

Rauh: „Ja, schon, in welcher Hinsicht?"

Kurz: „Nun, wir könnten uns die Montagearbeiten teilen. Wir kümmern uns um die Elektronik und programmieren die Steuerung. Sie stellen zwei Mitar-

beiter für einen Tag ab, die die Pneumatik installieren. Da haben Sie ja Fachleute, die sich in diesem Bereich bestens auskennen."

Rauh: „Grundsätzlich ist das denkbar. Wie würde sich das für uns auszahlen?"

Kurz: „Falls Sie zustimmen, die Pneumatik selbst zu installieren, kann ich Ihnen einen Preis von 25.800 Euro anbieten. Einverstanden?"

Erst das Terrain sondieren

Der Verkäufer geht strategisch sehr geschickt vor. Bevor er seinen Vorschlag konkret auf den Tisch legt, sondiert er mit einer vagen Frage erst das Terrain: Ist der Kunde offen für eine Gegenleistung? Was kann er sich überhaupt vorstellen? Indem Kurz seinen Vorschlag nur andeutet, ist die Wahrscheinlichkeit sehr groß, dass er vom Kunden ein erstes „Ja" für eine Gegenleistung bekommt. Einerseits fühlt sich der Kunde noch nicht in die Pflicht genommen, und andererseits muss er befürchten, dass sonst seine Forderung abgelehnt wird – was die Verhandlung erschweren würde. Durch die Zustimmung des Kunden an dieser Stelle hat sich Kurz einen wichtigen strategischen Vorteil verschafft, denn mit jedem „Ja" wird es für den Verhandlungspartner schwieriger, seinen Vorschlag in Gänze abzulehnen. Kurz ist auf einem guten Weg, bei diesem Auftrag eine angemessene Gewinnspanne einzufahren. Sein Gegenüber wird ihn darüber hinaus als festen, aber fairen Verhandlungspartner in Erinnerung behalten.

Sie erleichtern sich Preisverhandlungen erheblich, wenn Sie sich schon bei Ihrer Vorbereitung überlegen, welche Zugeständnisse Sie Ihrem Kunden unter welchen Voraussetzungen machen wollen. Am besten erstellen Sie eine Liste, in der Sie möglichen Konzessionen alternative Gegenleistungen des Kunden gegenüberstellen.

Konzessionsliste	
Zugeständnisse	**Gegenleistungen**
- Verkürzung der Lieferzeit - Erweiterung der Garantie auf vier Jahre - Preisnachlass bis 3%	- Erhöhung der Bestellmenge - Anzahlung bzw. Vorauszahlung - Sammellieferungen
- Kostenfreie Wartung im ersten Jahr - Preisnachlass bis 5%	- zusätzlicher Abschluss eines Wartungsvertrags - Probeauftrag für ein anderes Produkt

Das Prinzip, für Rabatte eine Gegenleistung zu vereinbaren, ist die Basis für erfolgreiches Verhandeln. Behalten Sie deshalb bei allen Ihren Preisgesprächen im Hinterkopf:

Verlangen Sie für Zugeständnisse stets eine Gegenleistung.

!

So sind Sie gut für Preisverhandlungen gerüstet. Das allein reicht aber nicht aus, um profesionell zu verhandeln. Auf den folgenden Seiten stellen wir Ihnen sehr wirkungsvolle Strategien vor. Nicht jede wird zu Ihrer Persönlichkeit passen. Picken Sie sich diejenigen heraus, die Ihnen gefallen.

Die Hinterfrage-Strategie

„Zu teuer“ kann viele Ursachen haben

„Zu teuer!“ Diese beiden Worte können einem den ganzen Tag vermiesen. Außer man weiß damit professionell umzugehen. Das Schlimmste, was Sie in dieser Situation tun können, ist, mit einem Preisnachlass zu reagieren. Sie wissen doch noch gar nicht, was sich hinter der Aussage des Kunden versteckt: Hat er kein entsprechendes Budget? Liegen ihm günstigere Wettbewerbsangebote vor? Handelt es sich um einen Schuss ins Blaue? Ist der Kunde von den Vorzügen Ihres Angebots noch nicht gänzlich überzeugt?

Preiseinwand hinterfragen

Ohne sein Motiv für den Preiseinwand zu kennen, steht jede Gegenargumentation auf tönernen Füßen. Bitten Sie deshalb Ihren Gesprächspartner, seinen Einwand zu präzisieren. Stellen Sie Fragen, wie zum Beispiel:

- *„Inwiefern zu teuer?“*
- *„In welcher Hinsicht?“*
- *„Aus welchen Gründen?“*
- *„Im Verhältnis wozu?“*

Vermeiden Sie bereits in dieser frühen Phase der Preisverhandlung jegliche Schärfe, und stellen Sie diese Fragen freundlich, ja fast beiläufig im Ton. Entschlüsseln Sie die Antwort des Kunden und räumen Sie mögliche Kaufwiderstände in Ruhe aus. Sofern Ihr Kunde jetzt auf ein Wettbewerbsangebot verweist, wird eine neue Runde in der Preisverhandlung eingeläutet, in der Sie mit der folgenden Strategie bestens gewappnet sind.

Die Angebots-Vergleich-Strategie

Der erfahrene Einkäufer wird immer Alternativen ins Spiel bringen, auch wenn er in Wirklichkeit keine hat. Denn die berühmt-berüchtigten „günstigeren Wettbewerbsangebote“ sind sein wichtigster Trumpf, um Verkäufer unter Druck zu setzen. Dies haben auch viele Endverbraucher erkannt und machen es den Profis nach. Da wird behauptet, dass eine Ware (angeblich) woanders günstiger zu bekommen ist: *„Im Internet gibt es das gleiche Produkt 25% billiger.“* Oder: *„Der Discounter X bietet dieses Modell über 300 Euro niedriger an.“*

Wettbewerb als Druckmittel

Ob es sich lediglich um eine Finte handelt, oder ob die Aussage der Wahrheit entspricht, ist auf den ersten Blick oft nicht zu erkennen. In der Regel gilt: Je pauschaler die Behauptung vorgebracht wird, um so geringer ist die Wahrscheinlichkeit, dass sie einen realen Hintergrund hat. Klarheit können Sie sich nur durch genaues Nachfragen verschaffen: Handelt es sich wirklich um das gleiche Produkt bzw. um die gleiche Leistung? Wann und wo hat der Kunde das Wettbewerbsangebot gesehen bzw. eingeholt? Warum will er trotzdem bei Ihnen kaufen? Und so fort.

Auf Finten achten

Wettbewerbsangebot hinterfragen

Bitte gehen Sie dabei diplomatisch zu Werke. Lassen Sie Ihren Gesprächspartner zwar spüren, dass Sie den Sachverhalt genau unter die Lupe nehmen, geben Sie ihm aber nie das Gefühl, dass Sie ihn kontrollieren oder gar einer Lüge überführen wollen. Fühlt er sich in die Ecke gedrängt,

Fingerspitzengefühl zeigen

leidet die Beziehungsebene beträchtlich, und ein erfolgreicher Verkaufsabschluss wird so wahrscheinlich wie ein Sechser im Lotto.

Äpfel nicht mit Birnen vergleichen lassen

Versichert Ihnen Ihr Gesprächspartner glaubwürdig, dass er ein oder mehrere Wettbewerbsangebote vorliegen hat, werden die Karten neu gemischt. Jetzt haben Sie eine reale Hürde vor sich, die es zu überspringen gilt. Die Erfahrung zeigt, dass die meisten Angebote nicht vergleichbar sind, weil sie sich in einigen Details unterscheiden. Diese Feinheiten überliest der Kunde oft und vergleicht dann Äpfel mit Birnen. Möglicherweise steckt dahinter aber auch Methode: So mancher Einkäufer behauptet mit Unschuldsmiene, dass die ihm vorliegenden Angebote absolut vergleichbar seien, obwohl sie es nicht sind. Auf diese Weise reduziert sich der Unterschied zwischen den Angeboten auf ein einziges Merkmal: auf den Preis. Und an dieser verbleibenden „Stellschraube" dreht der Einkäufer dann mit Wonne. Sein Ziel ist es also, Angebote als vergleichbar hinzustellen. Damit wird deutlich, wie Ihre Gegenstrategie auszusehen hat:

!

Arbeiten Sie die Unterschiede zwischen Ihrem Angebot und den Wettbewerbsangeboten so deutlich wie möglich heraus.

Ihr Ziel ist es, den Kunden zu einem inhaltlichen Vergleich der Angebote zu bewegen. Sie müssen die Chance bekommen, Ihrem Kunden zu zeigen, dass sich Ihre Leistung von der des Wettbewerbers unterscheidet, auch und gerade dann, wenn die Produkte ähnlich oder sogar gleich sind.

Aber warum sollte sich Ihr Kunde Zeit für einen solchen Vergleich nehmen? Was hat er davon? Motivieren Sie ihn mit der Andeutung, dass es sich für ihn als nachteilig erweisen könnte, falls er bei den Angeboten ein wichtiges Detail übersieht: *„Herr Kunde, gerade bei x kann es zum Teil wesentliche Unterschiede geben, insbesondere was den Aspekt y anbelangt."* Fügen Sie an diese Verunsicherung sofort forschende Fragen zum „günstigeren" Wettbewerbsangebot an, wie:

Kunden verunsichern

- Was genau hat Ihnen der Wettbewerb (in dieser Hinsicht) angeboten?
- Welche Zusatzleistungen und Garantien umfasst das Angebot?
- Welche Zahlungsmodalitäten und Liefervereinbarungen liegen dem Angebot zu Grunde?
- Wie wird die Qualität und die Lieferterminzuverlässigkeit sichergestellt?

Vergleichbarkeit anzweifeln

Falls Ihr Verhandlungspartner auf solche Fragen verunsichert reagiert und keine genauen Auskünfte geben kann, ist der ideale Zeitpunkt gekommen, einen weiteren Trumpf auszuspielen: Bitten Sie Ihren Kunden das Wettbewerbsangebot auf den Tisch zu legen, so dass Sie gemeinsam die einzelnen Punkte vergleichen können. Wenn Sie Gelegenheit bekommen wollen, Einblick in das Wettbewerbsangebot zu erhalten, dann jetzt! Wenn Sie es zu früh versuchen, wird der Kunde Ihre Bitte ablehnen, weil er keine Notwendigkeit darin erkennen kann. Haben Sie ihn jedoch zum Nachdenken gebracht, steigt die Wahrscheinlichkeit,

Angebote gemeinsam mit dem Kunden vergleichen

dass er Ihrem Sachverstand vertraut und einem offenen Vergleich zustimmt.

Sollte er Ihren Vorschlag als Versuch interpretieren, nur den Wettbewerbspreis in Erfahrung zu bringen, gehen Ihre Chancen gegen Null. Diese Befürchtung können Sie aber leicht zerstreuen:

Beispiel

„Herr Kunde, damit Sie absolut sicher sind, Äpfel mit Äpfel und nicht mit Birnen zu vergleichen, schlage ich vor, dass wir gemeinsam die Angebote Punkt für Punkt durchgehen. Wenn Sie möchten, können Sie gerne die Preise des Wettbewerbers abdecken, die interessieren mich gar nicht!"

Sicherlich gelingt es nicht immer, den Kunden zu einem solchen Vergleich zu bewegen, aber ein Versuch lohnt sich allemal. Ob es klappt, hängt auch davon ab, ob Sie im Laufe des Verkaufsgesprächs eine partnerschaftliche Beziehung zu Ihrem Kunden aufbauen konnten. Und natürlich von den in Ihrer Branche üblichen Gepflogenheiten.

Die Marginal-Kolossal-Strategie

Nachlässe dramatisieren

Kommen wir nochmals auf die Verhandlungssituationen zurück, die Ihnen Zugeständnisse abverlangen. Unabhängig von möglichen Gegenleistungen Ihres Gesprächspartners ist es für den weiteren Verhandlungsverlauf von eminenter Bedeutung, wie Sie Ihr Entgegenkommen „verkaufen". Aus nahe liegenden Gründen werden Sie bei Forderungen nur in kleinen Schritten nachgeben, um nicht mehr als notwendig zu verschenken. Für Ihren Gesprächspartner sollten Ihre kleinen Schritte aber wie große Sprünge erscheinen. Glaubt er, dass er sich bereits einen oder mehrere wichtige oder große Vorteile erkämpft hat, steigt die Wahrscheinlichkeit, dass er sich mit dem erkämpften Zugeständnis bereits zufrieden gibt. Also:

Stellen Sie marginales Nachgeben als kolossales Zugeständnis dar.

!

Nutzen Sie jede Chance, dem Kunden zu zeigen, welche Mühen Sie bereits auf sich genommen haben, um den Auftrag zu erhalten. Lassen Sie noch so kleine Details groß und wichtig erscheinen. Salopp: Machen Sie aus einer Mücke einen Elefanten. Was eignet sich dafür? Zum Beispiel: Verlängerte Zahlungsziele, geringe Preisnachlässe, Lieferung frei Haus oder kleinere Zusatzleistungen.

Aus einer Mücke einen Elefanten machen

Beispiel

Margot Schaller verhandelt eine Montagestraße. Der zuständige Einkäufer, Hans Kuhn, ist mit den Konditionen nicht einverstanden. Nachdem man sich auf einen geringen Preisnachlass bei gleichzeitiger Verringerung der Garantiezeit geeinigt hat, fordert Kuhn einen weiteren Nachlass und droht, sich direkt an den Chef von Margot Schaller zu wenden.

Schaller: „Natürlich kann ich unseren Vertriebsleiter bitten, sich die Kalkulation noch einmal anzuschauen. Aber ich kann Ihnen keine großen Hoffnungen machen. Die Kalkulation ist bis aufs Letzte ausgereizt, und mein Chef vertritt in diesem Punkt eine klare Linie."

Kuhn: „Ein wenig geht immer. Hier ist das Telefon. Rufen Sie Ihren Chef an. Ich lasse Sie jetzt ein paar Minuten allein..."

Rund fünfzehn Minuten später:

Schaller: „Respekt, Herr Kuhn, Sie haben etwas erreicht, dass noch niemand vor Ihnen geschafft hat. Mein Chef hat Ihnen tatsächlich noch einen Nachlass eingeräumt, unter der Bedingung, dass Sie heute noch den Vertrag unterzeichnen. 1,5% geben wir Ihnen in diesem Fall noch nach. Ich kann mich nicht erinnern, dass wir jemals zuvor einen so günstigen Preis gemacht haben. Und ich kann mir nicht vorstellen, dass so etwas wieder vorkommt. Sie verhandeln wirklich hart, Herr Kuhn!"

Kuhn: „Na also. Machen Sie den Auftrag fertig."

Mit Verriegelungs-Strategie kombinieren

Unabhägig davon, ob die Vertriebsmitarbeiterin tatsächlich mit ihrem Chef telefoniert hat oder nicht: Entscheidend ist, dass sie einen Nachlass, der aus ihrer Sicht nur eine Kleinigkeit darstellt, so geschickt kommuniziert hat, dass der Einkäufer glaubt, einen großen Verhandlungserfolg erzielt zu haben. Gleichzeitig hat sie den Anschein erweckt, dass Kuhn nicht mit einem weiteren Zugeständnis rechnen kann. Im Gegenteil: Wenn er das Angebot nicht annimmt, verfällt der soeben mühsam ausgehandelte Vorteil wieder, da er mit der Bedingung der sofortigen Auftragsvergabe verknüpft ist (siehe „Verriegelungs-Strategie" auf Seite 140). Es bleibt ihm gar nichts anderes übrig, als das Angebot anzunehmen. Und da es sich bei der Montagestraße um ein einzigartiges Objekt handelt, wird der Einkäufer nie eine Vergleichschance erhalten, um die Preisaussagen von Schaller zu prüfen.

Hier ein weiteres Beispiel für die Marginal-Kolossal-Strategie, diesmal aus dem Einzelhandel:

Thorsten Mewis ist Fachverkäufer in einem Möbelgeschäft. Von Kunden, die unverblümt Rabatte fordern, lässt er sich nicht beeindrucken:

Beispiel

Kunde: „Diese Pendelleuchte würde mir schon gefallen. Das Einzige, was mir nicht daran gefällt, ist der Preis von fast 600 Euro. Da sind doch bestimmt noch 10% Rabatt drin, oder?“

Mewis (voller Begeisterung): „Da haben Sie sich ein wunderbares Stück zu einem sensationellen Preis ausgesucht. Schauen Sie, alles vom Feinsten: Fassung aus echtem Messing; sieht fast aus wie Gold, und dieses handgeschliffene Glas, eine wundervolle Arbeit. Eines unserer besten Stücke!“

Kunde: „Ja, das sieht man, dass das beste Qualität ist. Aber was können Sie am Preis noch machen?“

Mewis: „Der Preis ist ja das Allerschönste an diesem Stück. Woanders zahlen Sie leicht 100 bis 200 Euro mehr. Wissen Sie was, ich mache Ihnen einen fantastischen Sonderpreis, weil ich den Eindruck habe, dass Sie diese edle Leuchte wirklich schätzen: Wenn Sie bar zahlen, gebe ich sie Ihnen für einmalige 579 Euro! Und die Glühbirnen sind auch schon dabei...“

Klingt wie ein tolles Schnäppchen. Ist aber keins. Etwa drei Prozent Nachlass hat der Kunde erhalten, im Gegenzug muss er bar bezahlen. Somit hat er nur die 3% erhalten, die sonst die Kreditkartenfirma für das Inkasso einstreicht. Weil der Verkäufer den Nachlass mit viel Begeisterung und Überzeugung anpreist, entsteht der Eindruck, mit dem Kauf mache man ein tolles Geschäft.

Leider sieht die Realität im Einzelhandel ganz anders aus. Da preisen die Verkäufer Ihre Preise und Nachlässe wie Sauerbier an: *„Wir können Ihnen leider nur 3% Barzahler-Rabatt gewähren. Mehr ist bei uns nicht möglich.“* Jetzt fehlte nur noch, dass der Verkäufer den Kunden an die (billigere) Konkurrenz verweist...

Die Verriegelungs-Strategie

Üble Nachverhandlungen

Manche Kunden versuchen, bereits vereinbarte Preise nachzuverhandeln. Besonders übel wird dieses „Spiel“, wenn dabei Lieferanten gegeneinander ausgespielt werden. Aus Sicht eines Autohauses könnte das beispielsweise wie folgt geschehen:

Beispiel

Stefan Bach steht kurz vor dem Abschluss mit einem Privatkunden:

Bach: „Also mit der besprochenen Sonderausstattung kann ich Ihnen einen Komplettpreis von 24.200 Euro anbieten. Dafür bekommen Sie ein wirklich tolles Auto erheblich unter Listenpreis.“

Kunde: „Ja, das sieht alles ganz gut aus. Aber ich muss mir das Ganze noch einmal überlegen. Ich melde mich in ein paar Tagen wieder bei Ihnen...“

Vier Tage später ruft der Kunde bei Stefan Bach an:

Kunde: „Ich würde das Auto schon gerne bei Ihnen bestellen, allerdings hat mir ein anderer Händler das gleiche Modell für einen Preis von 22.900 Euro angeboten. Sie haben sich viel Mühe gegeben, Herr Bach, doch ich kann nur bei Ihnen kaufen, wenn Sie mir zumindest den gleichen Preis einräumen wie Ihr Wettbewerber.“

Bach: „Beinhaltet der Preis wirklich die gleiche Sonderausstattung?“

Kunde: „Ja, ganz sicher. Also wie sieht es aus, können Sie Ihren Preis auf 22.900 Euro reduzieren?“

Bach: „Sie setzen mich ganz schön unter Druck. Aber was soll ich machen? Also gut...“

Kunde: „Fein, ich komme dann in Kürze vorbei, machen Sie den Kaufvertrag schon mal fertig.“

Einige Tage später kommt der Kunde in die Verkaufsräume des Händlers...

Kunde: „Bevor ich den Vertrag unterschreibe, gibt es noch ein kleines Problem zu lösen...“

Bach: „Ja, was denn?“

Kunde: „Nachdem Sie 22.900 Euro akzeptiert hatten, wollte ich dem anderen Händler fairerweise absagen. Doch der hat mir dann ein neues Angebot zu noch besseren Konditionen unterbreitet. Er würde mir das Auto jetzt für 21.500 Euro geben. Sind Sie bereit, darauf einzusteigen?“

Stefan Bach sitzt in der Klemme: Verweigert er den erneuten Nachlass, droht der Auftrag verloren zu gehen; sagt er zu, verdient er am Verkauf des Autos keinen Cent. Jetzt ist guter Rat teuer! Doch mit einer besseren Verhandlungsstrategie hätte es gar nicht so weit kommen müssen.

Was ist die Ursache seines Problems? Bach lässt den Kunden ungehindert sein „Spiel“ aufführen. Er reagiert nur auf den Druck des Kunden, statt in der Verhandlung die Initiative zu ergreifen. Würde er den Nachlass nicht anbieten, sondern nur in Aussicht stellen, sofern der Kunde bereit ist, den Preispoker zu beenden, bekommt er die Zügel wieder in die Hand. Hinter dieser Vorgehensweise steht das Prinzip: keine Konzession ohne Gegenleistung. Und in diesem Fall ist die Gegenleistung der sofortige Kaufabschluss. Möglichen Nachverhandlungen wird so der Riegel vorgeschoben!

In unserem Fallbeispiel muss die Verhandlung unbedingt im Autohaus und nicht am Telefon geführt werden, damit der Kunde bei einer Einigung sofort den Vertrag unterzeichnen kann. Bach könnte wie folgt vorgehen:

Verbessertes Beispiel

Kunde: „...müssen Sie mir schon den Preis Ihres Wettbewerbers von Euro 22.900 einräumen."

Bach: „Herr Kunde, ich bin zuversichtlich, dass wir eine Einigung beim Preis erzielen werden. Gerne zeige ich Ihnen in einem persönlichen Gespräch, welche Möglichkeiten es gibt. Wann können Sie vorbeikommen?"

Am nächsten Tag im Autohaus...

Bach: „Angenommen, ich könnte meinen Preis auf 22.900 Euro senken, würden Sie dann hier und heute den Kaufvertrag unterzeichnen?"

Antwortet der Kunde jetzt mit „Nein", ist klar: Das Preisargument war vorgeschoben. Der Kunde ist (noch) nicht an einem Abschluss interessiert. In diesem Fall gilt es, die bestehenden Kaufhindernisse herauszufinden und sie aus dem Weg zu räumen. Bejaht der Kunde die Frage, verpflichtet er sich, abzuschließen, falls ihm der geforderte Nachlass gewährt wird. Damit ist der Auftrag unter dieser Bedingung unwiderruflich vereinbart, will der Kunde sein Gesicht nicht verlieren und sich als „unehrenhafter Geschäftsmann" entlarven.

Leiten Sie Preisverhandlungen deshalb stets mit einer strategischen (Verriegelungs-)Frage ein, deren Grundaussage lautet:

Falls wir uns im Preis einigen, erhalte ich dann heute verbindlich den Auftrag?

!

Die Nutzen-Detail-Strategie

Eine äußerst überzeugende Strategie: Erklären Sie Ihrem Kunden genau, welchen Nutzen er aus Ihrem Angebot zieht. Nehmen Sie sich die Zeit, auch auf kleine Details einzugehen, vor allem wenn Sie sich dadurch vom Wettbewerb abgrenzen können. Gerade mit dem Wissen um die Preis-Wert-Waage erscheint diese Strategie nahe liegend.

Kundennutzen detailliert erläutern

Dennoch machen sich viele Verkäufer erstaunlicherweise nicht die Mühe, die speziellen Auswirkungen eines Produktnutzens hervorzuheben. Gerade bei technisch anspruchsvollen Produkten sehen sich die Verkäufer fachlich ebenfalls kompetenten Kunden gegenüber. Und so ist es nur ein kleiner Schritt zu der Auffassung: „Mein Kunde ist Profi so wie ich. Ihm brauche ich doch nicht zu sagen, was unser Angebot für ihn bedeutet." Leider. Denn wer es versäumt, seinen Kunden die Vorteile des eigenen Angebotes einzeln und detailliert aufzuzeigen, verschenkt oft bares Geld, wie folgendes Beispiel verdeutlicht:

Beispiel

Gerd Pauler ist Außendienstmitarbeiter der Firma ABC-Plastik und verkauft Kunststoffspritzguss-Maschinen. Lothar Samuel, Geschäftsführer einer klei-

nen Spritzerei, möchte eine seiner alten Spritzguss-Maschinen ersetzen. Er hat zwei technisch vergleichbare Angebote vorliegen: ABC-Plastik verlangt 10.800 Euro, der Wettbewerber nur 9.900 Euro.

Samuel: „Wenn Sie den Auftrag haben wollen, müssen Sie im Preis runter. Mindestens auf die 9.900 Euro Ihres Wettbewerbers.“

Pauler: „Bedenken Sie doch, dass wir Ihnen unsere Maschine schon in vier Wochen liefern können. Sie selbst sagten doch, dass Sie auf die Maschine unseres Wettbewerbers zwölf Wochen warten müssten.“

Samuel: „Das ist schon richtig. Aber für fast 1.000 Euro warte ich gerne auch ein wenig länger. Ich habe auch nichts zu verschenken. Und die paar Wochen hält meine jetzige Maschine noch locker durch.“

Obwohl Pauler im Preis noch etwas nachgibt, verliert er den Auftrag an seinen Wettbewerber.

Dieser Auftragsverlust ist bitter, da Pauler mit seiner Idee, die unterschiedliche Lieferzeit zu thematisieren, auf der richtigen Fährte war. Leider hat er es versäumt, seinem Kunden den Nutzen aus dem Lieferzeit-Vorteil zu verdeutlichen. Sein Kunde hat nur auf den Anschaffungspreis gesehen. Und bei rund 10% Preisunterschied bei gleicher Maschinenleistung fiel die Entscheidung nicht schwer. Doch es war eine Fehlentscheidung!

Pauler wusste, dass seine Spritzguss-Maschine 25% mehr Durchlaufleistung gegenüber der alten Anlage von Samuel hat. Nachdem die Maschine des Wettbewerbers die gleiche Leistung erzielt, sieht es nach einer Pattsituation aus. Irrtum! Mit diesen Informationen hätte Pauler das Geschäft machen können:

Verbessertes Beispiel

Samuel: „Herr Pauler, wenn Sie den Auftrag haben wollen, müssen Sie im Preis runter. Mindestens auf die 9.900 Euro Ihres Wettbewerbers."

Pauler: „Gerade, weil Sie nichts zu verschenken haben, ist mein Angebot das bessere für Sie. Schauen Sie: Zur Zeit produzieren Sie etwa 400 Kleinteile in der Stunde. Wir haben festgestellt, dass die neue Maschine 25% mehr Durchlaufleistung hat, also 500 Kleinteile pro Stunde schafft."

Samuel: „Das kann die Maschine Ihres Wettbewerbers auch!"

Pauler: „Sie sagten, Ihre Kunden zahlen pro Stück 25 Cent. Ist es außerdem richtig, dass Ihre Maschine zehn Stunden an fünf Tagen in der Woche läuft?"

Samuel: „Ja, wir haben eine ganz gute Auftragslage. Aber worauf wollen Sie hinaus?"

Pauler: „Nun, wir können Ihnen die neue Maschine acht Wochen früher liefern als der Wettbewerb. In diesen acht Wochen läuft die Maschine 400 Stunden. Mit Ihrer bisherigen Maschine stellen Sie in dieser Zeit 160.000 Teile her, mit unserer neuen Maschine aber 40.000 Teile mehr. Das bedeutet für Sie eine höhere Einnahme von 10.000 Euro. Da bleibt für Sie sicher ein schöner Zusatzgewinn hängen..."

Samuel: „Das klingt sehr interessant."

Pauler: „Und den geringeren Energieverbrauch der neuen Maschine in den 8 Wochen haben wir dabei noch gar nicht berücksichtigt. Stimmen Sie mir zu, dass sich bei all diesen Vorteilen die etwas höhere Investition von 900 Euro für Sie lohnt?"

Erst durch die Ausführungen des Verkäufers wurde dem Kunden klar, dass er für seine Entscheidung nicht den Kaufpreis allein, sondern den gesamten Produktionsprozess in seine Überlegungen einbeziehen muss. Die schlüssige Argumentation Paulers hat sich gelohnt: Auftrag erhalten, Preis durchgesetzt und sich dem Kunden als kompetenter Berater präsentiert – was will man mehr!

Persönliche Nutzen-Detail-Strategie entwickeln

Kennen Sie, Detail für Detail, die Vorteile Ihres Angebots? Wissen Sie, was Sie vom Wettbewerb unterscheidet? Verfügen Sie über ein Argumentationskonzept, wie Sie die Stärken Ihres Angebots plausibel und einleuchtend vermitteln? Am besten notieren Sie all die Aspekte, in denen Sie Ihrem Wettbewerb überlegen sind. Entwicklen Sie dann mit der Nutzen-Detail-Strategie eine Argumentationskette, die überzeugt, beispielsweise zu längerer Haltbarkeit, geringeren Ausschussquoten, niedrigeren Verbrauchskosten, höherer Leistungsfähigkeit, längeren Wartungsintervallen...

Die Naturalrabatt-Strategie

Diese Strategie ist ein probates Mittel, unausweichliche Rabatte erträglich zu gestalten. Statt einen Nachlass zu gewähren, bieten Sie dem Kunden ein bestimmtes „Extra“ an, das er kostenlos dazu erhält, beispielsweise ein Kissen beim Kauf eines Sofas oder Tintenpatronen beim Kauf eines Druckers. Diese Naturalrabatte bringen Ihnen eine Reihe von Vorteilen:

- Sie halten nach außen hin Ihren Preis und zeigen Standhaftigkeit. Sie gewähren keinen Rabatt, sondern erhöhen Ihre Leistungen.
- Wenn der Kunde keinen Rabatt erhält, kann die gefürchtete Rabattspirale („Einmal Rabatt, immer Rabatt“) nicht in Gang kommen. Es gibt auch keine Prozentzahl, die sich der Kunde für Folgekäufe merken könnte.
- Sie wirken großzügiger als Sie es sind: Zwar büßt Ihr Unternehmen Gewinn ein, jedoch nur in Höhe des Einkaufswertes der gewährten Zugabe. Aus Sicht des Kunden erhält er jedoch Extras in Höhe des offiziellen Verkaufspreises.

Vorteile des Naturalrabatts

Gerade wenn Sie mit Stammkunden verhandeln, ist die Naturalrabatt-Strategie für Sie eine ausgezeichnete Chance, Ihre Preise auch in Zukunft durchsetzen zu können. Wenn Sie im Preis eines Produktes nachgeben, fehlen Ihnen doch bei der nächsten Bestellung des Kunden trifftige Argumente, warum die Produkte jetzt wieder mehr kosten. Das Gleiche gilt für Stunden- und Tagessätze bei Dienstleistungen. Einmal reduziert, lassen sie sich später nicht mehr erhöhen, ohne dass es Schwierigkeiten und Ärger mit dem Kunden gibt. Halten wir also fest:

Naturalrabatt verhindert die Rabattspirale

Wenn schon Rabatt, dann Naturalrabatt!

!

Was können Sie Ihren Kunden an Extras anbieten? Wenn Sie kreativ an die Sache herangehen, werden Sie vielfältige Möglichkeiten finden, die sich auch bei Ihren Kunden umsetzen lassen.

Die Strategie des Reframings

Ist ein Glas, das zur Hälfte gefüllt ist, halb leer oder halb voll? Das ist eine Frage des Blickwinkels: man kann es so oder so sehen. Beides ist wahr! Meistens ist die unterschiedliche Interpretation eines Sachverhalts die harte Nuss in einer (Preis-)Verhandlung, die es zu knacken gilt.

Neue Perspektiven bieten

Mit der Strategie des Reframings ist gemeint, einen bestehenden Sachverhalt auf eine neue, andere Weise zu interpretieren, um dem Verhandlungspartner einen neuen Blickwinkel zu eröffnen. Das lässt sich am besten an einem Beispiel zeigen: Angenommen, Ihr Kunde befindet, dass die ihm angebotene Technologie „altbacken" sei. Können Sie das so im Raum stehen lassen? Wenn Sie das täten, würden Sie zulassen, dass Ihr Produkt abgewertet wird. Zweckmäßiger ist es, den Einwand aufzugreifen und umzudeuten: *„Ja, diese Technologie hat sich seit Jahren bewährt und in der Praxis durchgesetzt."* Der gleiche Sachverhalt wurde aus einer neuen Perspektive beleuchtet, die das Produkt wieder ins rechte Licht rückt.

Hilfreich ist die Methode des Reframings auch im Preisgespräch, wie das folgende Beispiel zeigt:

Beispiel

Bernd Schimmel steht kurz vor dem Abschluss eines Auftrags, der Preis ist bereits verhandelt. Doch plötzlich entdeckt sein Kunde, Ortwin Zierke, ein Haar in der Suppe.

Zierke: „Ich sehe gerade, dass in Ihrem Angebot Versandkosten stehen! Ich gehe davon aus, dass dies ein Versehen ist, und dass Sie versandkostenfrei liefern."

Schimmel: „Das geht leider nicht. Unsere Geschäftsleitung hat festgelegt, dass wir damit erst gar nicht anfangen. Wir wollen durch ein gutes Preis-Leistungsverhältnis überzeugen und nicht durch versandkostenfreie Lieferungen."

Zierke: „Bei uns erhält kein Lieferant Versandkosten. Warum sollte ich ausgerechnet bei Ihnen eine Ausnahme machen? Also wenn ich dem zustimme, dann müssen Sie auch etwas für mich tun."

Schimmel: „Was denn, zum Beispiel?"

Zierke: „Mir im Preis weiter entgegenkommen!"

Schimmel hat das Problem, dass die Geschäftsführung auf eine Berechnung der Versandkosten besteht. In diesem Punkt kann er dem Kunden nicht entgegenkommen. Mit seiner Rechtfertigung beschwört er das herauf, was ihm schon tausend Mal passiert ist: Die Preisdiskussion beginnt von vorn. Hätte Schimmel den Kunden bewegen können, eine neue, positive Sichtweise zu den explizit ausgewiesenen Versandspesen einzunehmen, wäre es ganz anders gekommen:

Verbessertes Beispiel

Zierke: „...Ich gehe davon aus, dass Sie versandkostenfrei liefern."

Schimmel: „Ja, diesen Wunsch haben anfangs einige unserer Kunden gehabt, und ich kann Sie gut verstehen. Wir alle wissen, dass versandkostenfrei nicht heißt, dass der Kunde keine Versandkosten bezahlt. Irgendwo fließen diese Kosten in die Kalkulation ein, das ist ganz normal. Wer hat schon etwas zu verschenken in der heutigen Zeit?"

Zierke: „Ja, und?“

Schimmel: „Ich denke, wir sind uns einig, dass die anfallenden Versandkosten immer bezahlt werden. Es ist nur die Frage, ob Sie, Herr Zierke, auch sehen, wie viel dafür berechnet wird. Wir bieten unseren Kunden 100% Transparenz. Deswegen sehen Sie in unserem Angebot den Warenwert und die Versandkosten getrennt aufgelistet. So haben Sie volle Kontrolle über die wahren Kosten!“

Der Kunde denkt zunächst, dass die ausgewiesene Versandspesen Extrakosten sind, die er nicht bezahlen will. Nachdem Schimmel aufgezeigt hat, dass man über diesen Aspekt auch anders denken kann, stehen die Chancen gut, dass Zierke die zusätzlich anfallenden Versandspesen akzep-

Argumentenliste „Perspektiven-Wechsel“
Möglicher Auslöser von Preisdiskussionen: *Stark gestiegener Aktienkurs unseres Unternehmens; veröffentlichte Rekordgewinne.*
Mögliche negative Sichtweise des Kunden: *Rekordgewinne bedeuten, dass die Kunden zu viel bezahlen: Forderung von günstigeren Preisen.*
Umdeutungschance: *Gewinne werden erwirtschaftet, da wir über eine große Anzahl zufriedener und treuer Stammkunden verfügen.* *Viele neue Kunden kommen zu uns aufgrund des ausgezeichneten Preis-Leistungsverhältnisses.*

Erstellen Sie eine Ideenliste für das Umdeuten negativer Sachverhalte

tiert. Mehr noch: Wenn der Kunde der Argumentation „Transparenz = Ehrlichkeit“ folgt, wird er in Zukunft die Wettbewerbsangebote viel kritischer betrachten.

Manchmal ist es nicht ganz einfach, in offensichtlich negativen Sachverhalten auch positive Ansätze zu finden. Das heißt aber nicht, dass es keine gibt. Alles auf dieser Welt hat zwei Seiten. Greifen Sie zwei oder drei Aspekte aus Ihrem Angebot heraus, die Ursache von Preisdiskussionen sind. Suchen Sie dann nach Sichtweisen, die diese Aspekte in einem positiven Licht erscheinen lassen. Ein weiteres Beispiel, wie sich ein Sachverhalt umdeuten lässt, finden Sie auf der Vorseite.

Negatives umdeuten

Die Bluff-Strategie

Bluffen, was ist das eigentlich? Wenn Sie im Fremdwörterbuch nachschlagen, finden Sie folgende Erklärung: *„...durch dreistes Verhalten oder durch geschickte Täuschung eine falsche Einschätzung bei jemandem hervorrufen oder hervorzurufen versuchen“.*

Wann lohnt es sich zu bluffen? Ihr Kunde hat eine Nachlassforderung, die Sie nicht akzeptieren wollen oder können. Sie haben eine Weile ergebnislos verhandelt, doch Ihr Gegenüber blockt, und eine gemeinsame Lösung liegt in weiter Ferne. Dann könnten Sie es mit einen Bluff probieren: *„Es tut mir leid. Ich habe das Gefühl, dass wir heute nicht weiter kommen. Auf dieser Basis ist*

Beispiel

es mir leider nicht möglich, die Verhandlung fortzusetzen. Ich bedanke mich für Ihre Zeit und wünsche Ihnen noch einen schönen Tag."

Mit Abbruch der Verhandlung drohen

Packen Sie Ihre Sachen ein, und vermitteln Sie Ihrem Gesprächspartner den Anschein, gehen zu wollen. Wenn Sie bis dahin einen guten Job gemacht haben, ist die Wahrscheinlichkeit sehr groß, dass Sie Ihr Gesprächspartner zurückhält: *„Halt, Sie können doch jetzt nicht gehen. So kurz vor dem Ziel werden wir doch eine Einigung finden, oder?"* Dann haben Sie erreicht, was Sie mit Ihrem Bluff erreichen wollten: dass der Kunde sich motiviert zeigt, eine brauchbare Lösung zu finden.

Warum funktioniert das Bluffen in einer solchen Situation so oft? Nun, die meisten Kunden sind es gewohnt, eine Verhandlung abzubrechen, wenn der Verkäufer ihre Forderungen nicht erfüllt. Sie sind es, die agieren. Beim Bluff ist es aber genau umgekehrt: Nicht der Kunde beendet die Verhandlung, sondern sie wird ihm vom Verkäufer aufgekündigt. Der Kunde droht etwas zu verlieren.

Überzeugend bluffen

Natürlich beabsichtigen Sie nicht, die Verhandlung platzen zu lassen. Schließlich sind Sie Verkäufer und werden für Aufträge bezahlt und nicht für gescheiterte Verhandlungen. Damit der Bluff wirkt, ist es erforderlich, dass Sie auch mit Ihrer Körpersprache unmissverständlich ausdrücken, gehen zu wollen: Stehen Sie auf und wenden Sie sich der Türe zu. Wenn Sie das nicht tun, widersprechen Sie sich selbst. Der Kunde erkennt den Bluff, und Sie schaden sich mehr, als wenn Sie auf den Bluff-Versuch verzichtet hätten. Das ist wie beim Pokern:

Entweder Sie bluffen richtig, oder Sie lassen es.

!

Den Chancen stehen auch Risiken gegenüber. Im schlimmsten Fall kann es Ihnen passieren, dass Ihr Kunde keine Einwände hat, wenn Sie gehen. Damit sollten Sie rechnen. Zwei Möglichkeiten haben Sie dann noch, die Situation zu retten:

Alternativen für den „Notfall"

- Wenn Sie die Türklinke bereits in der Hand halten, drehen Sie sich noch einmal um, und sagen: *„Mir ist gerade noch eine Idee gekommen. Mir täte es sehr leid, wenn wir keine Lösung fänden. Was halten Sie von folgendem Vorschlag...?"* Für diese Variante sollten Sie noch einen Trumpf im Ärmel bereit haben, den Sie jetzt ausspielen können.
- Oder sie gehen wirklich. In zwei oder drei Tagen rufen Sie den Kunden an, um die Verhandlung wieder aufzunehmen. Diese Vorgehensweise ist insbesondere dann empfehlenswert, wenn die Gemüter schon recht erhitzt waren.

Die Bluff-Strategie gehört zu den Verhandlungstricks. Sie ist eine Anregung. Ob Sie sie anwenden wollen, entscheiden Sie. Bedenken Sie, dass in harten Verhandlungen auch die Gegenseite oft mit Tricks arbeitet. Welche raffinierten Preisdrücker-Strategien Profis anwenden, zeigen wir Ihnen im nächsten Kapitel – und natürlich, wie Sie sich dagegen erfolgreich zur Wehr setzen.

Zusammenfassung

- Erfragen Sie geschickt mögliche Sachzwänge Ihres Verhandlungspartners, um Ihre Verhandlungsstärke realistisch einschätzen zu können.
- Geben Sie niemals im Preis nach, ohne gleichzeitig eine Gegenleistung zu verlangen.
- Erarbeiten Sie sich eine „Konzessionsliste", in der Sie verschiedenen Zugeständnissen mögliche Gegenleistungen gegenüberstellen. So sind Sie gut für den „Ernstfall" vorbereitet.
- Stellen Sie marginales Nachgeben als kolossales Zugeständnis dar, um dem Kunden den Eindruck zu vermitteln, dass er sich bereits gewichtige Vorteile erhandelt hat.
- Vermeiden Sie unangenehme Nachverhandlungen, indem Sie weiteren Kundenforderungen einen Riegel vorschieben: „Wenn wir uns (heute) im Preis einigen, ist mir dann der Auftrag sicher?"
- Wenn Sie schon Rabatt gewähren, dann in Form von Naturalrabatt. So bleibt Ihr Preis bestehen und die Ertragseinbußen halten sich in einem vertretbaren Rahmen.
- Erklären Sie detailliert und bis zur letzten Konsequenz, welchen Nutzen Ihr Gesprächspartner aus Ihrem Angebot zieht.
- Deuten Sie scheinbar negative Aspekte in Vorteile um („Reframing").
- Trauen Sie sich mit einem Abbruch der Verhandlung zu bluffen, wenn die Verhandlungssituation verfahren ist.

7. Kapitel: So kontern Sie die Tricks der Preisdrücker

Der verführerische Griff in die Trick-Kiste

Die meisten Einkäufer wissen, dass sich mit Sympathie und gegenseitigem Vertrauen bessere Verhandlungsergebnisse für beide Seiten erzielen lassen als mit Angriffsstrategien. Gerade wenn eine langfristige und strategische Partnerschaft mit einem Lieferanten angestrebt wird, haben Tricks keinen Platz. Sollte man meinen. Doch in der Praxis nehmen die harten Preisverhandlungen zu: Der hohe Kostendruck verleitet dazu, den Verkäufer als Gegenspieler zu sehen: Verhandeln bedeutet dann in erster Linie, Preise zu drücken. Und so wird mancherorts die Keule wieder aus der Trick-Kiste hervorgeholt, getreu dem Motto: „Der Zweck heiligt die Mittel".

Hoher Kostendruck leistet Angriffsstrategien Vorschub

Manche Menschen glauben eben, dass man mit einem aggressiven Verhandlungsstil mehr herausholen kann. Der Verkäufer soll im Preisgespräch in die Defensive gedrängt und unter Druck gesetzt werden. Ist der Verkäufer erst einmal verunsichert, so die dahinter stehende Überlegung, wächst die Chance, dass er seinen Rabattspielraum bis zur Schmerzgrenze ausschöpft. Schließlich will er ja „mit heiler Haut" davonkommen und einen Auftrag mit ins Büro bringen.

Wie häufig Ihnen unfaire Strategien begegnen, hängt von der Branche ab, in der Sie tätig sind. Vielen Einkäufern großer Handelsketten in der Lebensmittelbranche stehen z. B. pro Gespräch oft nur 20 Minuten und weniger zur Verfügung. Da geht es schnell zur Sache, ohne Small Talk und – nicht zuletzt wegen der geringen Spannen – oft mit einer kräftigen Portion Aggressivität. Aber auch dominante Privatkunden haben inzwischen so manche Methode gelernt, um Preise zu drücken.

Aggressivität kommt bei Geschäfts- wie Privatkunden vor

Neben dem aggressiven Verhandlungsstil gibt es natürlich noch andere Methoden, die ebenfalls sehr wirkungsvoll sind und den unerfahrenen Verkäufer ziemlich in die Bredouille bringen können. In diesem Kapitel haben wir die am häufigsten angewandten Einkäufertricks und Preisdrückerstrategien zusammengestellt. Ob diese Manöver raffiniert, legitim oder unfair sind, möge ein jeder selbst entscheiden. Viel wichtiger ist es, zu wissen, wie man sich gegen diese Verhandlungsstrategien wirkungsvoll wehrt. Und das zeigen wir Ihnen.

Unter Zeitdruck setzen

In manchen Einkäuferkreisen nach wie vor ein beliebtes Spiel: den Verkäufer unter Zeitdruck setzen, um ihn zu übereilten Preiszugeständnissen zu verleiten. Hier ein typisches, wenn auch extremes Beispiel:

Beispiel

Pünktlich spricht Petra Müller bei Einkäufer Siegfried Becker vor. Man bittet sie, im Konferenzraum Platz zu nehmen; Herr Becker komme gleich.

Nachdem sie 20 Minuten gewartet hat, fragt sie am Empfang nach, wie lange es noch dauern wird, bis Herr Becker Zeit für sie hat. Nach ein paar Telefona-

ten („Im Einkauf ist leider immer besetzt...") und weiteren 10 Minuten Wartezeit, heißt es, dass Becker in etwa 5 bis 10 Minuten da sein werde. Zurück im Konferenzraum dauert es dann doch noch 20 Minuten bis ihr Gesprächspartner erscheint. Mit fast einer Stunde Verspätung beginnt endlich das Gespräch:

Becker: „Ich muss leider gleich wieder weg. Sie haben 15 Minuten, um mich zu überzeugen, warum wir unser Kopierpapier bei Ihnen kaufen sollen."

Müller: „Das ist aber sehr wenig Zeit, ich hatte, so wie wir vereinbart haben, mit einer Stunde gerechnet!"

Becker: „Na, so anspruchsvoll ist das Produkt „Kopierpapier" nun auch wieder nicht, dass wir dafür eine Stunde bräuchten. Was können Sie mir bieten?"

Müller: „Nun, es gibt verschiedene Qualitäten. Da wäre zum Beispiel..."

Becker: „Ist mir klar. Unser Jahresbedarf liegt bei rund 10 Millionen Blatt. Was kosten die bei Ihnen in der besten Qualität holzfrei weiß, 80 Gramm?"

Müller: „Soll das Papier auch für Inkjet-Drucker geeignet sein?"

Becker: „Kopierpapier, Frau Müller! Wenn ich Druckerpapier wollte, hätte ich es Ihnen schon gesagt!"

Müller: „Bei unserer meistverkauften Sorte Tenacopy kosten 10 Millionen Blatt unter Berücksichtigung des Mengenrabattes 72.000 Euro."

Becker: „Das ist doch wohl nicht Ihr Ernst. Wir zahlen bei unserem bisherigen Lieferanten deutlich weniger als 60.000 Euro. Wie wollen Sie da mit uns ins Geschäft kommen? Ich habe nicht viel Zeit. Sparen wir uns also das Gefeilsche. Sagen Sie mir Ihren absolut besten Preis, den Sie machen können – und der ist es dann. Denken Sie daran, Sie haben nur diese eine Chance; eine Möglichkeit zur Nachbesserung wird es nicht geben...!"

Es bestehen für den Einkäufer gute Chancen, dass die Außendienstmitarbeiterin an ihr Limit geht. Es fällt nicht schwer, sich vorzustellen, wie das Gespräch dann weiterläuft: Mit der Forderung nach kostenloser Lieferung („*Das ist bei uns Standard.*") sowie von Skonti wird der Einkäufer versuchen, weitere Vorteile für sich herauszuschlagen. Was immer dabei herauskommen wird, eines ist sicher: Viel wird das Unternehmen von Petra Müller an dem Auftrag nicht verdienen.

Kommen wir zur Analyse des Gesprächs: Der Einkäufer bedient sich eines sehr wirkungsvollen Verhandlungstricks. Er bestimmt mit einer sogenannten „Meta-Spielregel" den Rahmen, in dem sich die Verhandlung bewegt. In unserem Beispiel lautet sie: „Es steht extrem wenig Zeit für das Gespräch zur Verfügung." Wird diese zentrale „Spielregel" stillschweigend akzeptiert, hat der Verhandlungspartner damit verschiedenen Ge- und Verboten zugestimmt, ohne sich dessen bewusst zu sein. Zum Beispiel:

Mit „Meta-Spielregeln" die Verhandlung steuern

- Beeil Dich! Komm schnell auf den Punkt!
- Vergeude keine Zeit (beispielsweise, indem Du Fragen stellst)!
- Halte uns nicht mit Argumentieren auf!
- Geh beim Rabatt bis zum Äußersten, denn Du kannst Deinen Preis nicht nachbessern!

Um diese „Spielregeln" glaubwürdig zu etablieren, lässt der Einkäufer die Verkäuferin fast eine Stunde lang im Konferenzraum schmachten. Dabei handelt es sich um einen „Test": Nimmt Petra Müller die „Verspätung" hin, ist es sehr wahrscheinlich, dass sie auch die „Spielregel" Zeitdruck akzeptiert. In diesem Fall ist es ein Leichtes, der Verkäuferin die Gesprächsführung aus der Hand zu nehmen.

Die „Spielregel" Zeitdruck schränkt die Argumentation ein

Und genau das geschieht dann auch. Becker inszeniert sich als Dirigent, und Müller tanzt nach seiner Pfeife. Je länger sie in diesem Gespräch reagiert, statt zu agieren, desto geringer werden ihre Chancen, den Auftrag zu vernünftigen Konditionen zu bekommen: Ohne Kenntnis des Bedarfs und der Kaufmotive kann sie nicht überzeugend argumentieren und ohne den Kundennutzen zu vermitteln, kann sie den Preis nicht durchbringen.

Herabsetzung der Person durch „Wartenlassen"

Ein zweiter, nicht zu unterschätzender Effekt des Wartenlassens ist die Herabsetzung der Verkäuferin. Becker demonstriert mit seinem verspäteten Kommen, dass er die Verkäuferin als unwichtige Person ansieht. Sie soll verunsichert werden, um dadurch dem Druck weniger standhalten zu können.

Hier einige Vorschläge, was Sie tun können, wenn Sie unter Zeitdruck gesetzt werden:

- Nehmen Sie übermäßige Wartezeiten nicht hin. Kommunizieren Sie genau so freundlich wie selbstbewusst, wenn Ihre Geduld überstrapaziert wird, beispielsweise: *„Ich habe im Anschluss an das Gespräch mit Ihrem Einkaufsleiter einen weiteren Kundentermin. Bestimmt hat er dafür Verständnis, dass ich dort pünktlich sein will. Bitte richten Sie ihm aus, dass ich nur noch 5 Minuten auf ihn warten kann.“* Zeigt sich Ihr Kunde dann immer noch nicht, gehen Sie und vereinbaren einen neuen Termin.

Auf pünktlichen Beginn drängen

- Wenn der Kunde so wenig Zeit mitbringt, dass Sie kein vernünftiges Verkaufsgespräch führen können, zeigen Sie Ihr Bedauern und vereinbaren einen neuen Termin, ohne das Gespräch zu beginnen: *„Schade, Herr Kunde, dass Sie so stark unter Zeitdruck stehen. Damit Sie alle Informationen bekommen, die Sie brauchen, um eine gute Entscheidung treffen zu können, sind mindestens 45 Minuten erforderlich. Wenn das heute für Sie nicht möglich ist, komme ich gerne an einem anderen Tag wieder...“*

Gespräch vertagen

- Möglicherweise ist die Vertagung für Sie keine akzeptable Option. Beispielsweise, weil Sie einen sehr langen Anfahrtsweg hatten und nicht ohne Ergebnis die Heimreise antreten möchten. In diesem Fall führen Sie das Gespräch in gleicher Weise, als wäre der Zeitdruck nicht vorhanden. Verlagern Sie die nicht behandelten Punkte dann in ein weiteres Gespräch.

Zeitdruck ignorieren

- Stellen Sie zu frühe Fragen nach dem Preis stets zurück. Über die Folgen einer verfrühten Preisdiskussion haben wir ja bereits im 5. Kapitel (ab Seite 103) gesprochen. Solange der

Vor der Preisverhandlung den Nutzen ansprechen

Kunde Ihre Leistungsfähigkeit nicht richtig einschätzen kann, wird ihm (fast) jeder Preis als zu hoch erscheinen.

Der Trick mit den „Zielpreisen"

Zielpreis basiert aus Marktuntersuchungen

Ursprünglich ging es bei der Zielpreis-Strategie um Folgendes: Mit aufwendigen Marktforschungen lotet ein Hersteller aus, was ein Endprodukt, wie zum Beispiel ein DVD-Player oder ein Auto, kosten darf, damit es sich gut verkaufen lässt. Aus dem so ermittelten Verkaufspreis wird nun für alle Teile, aus denen das Produkt hergestellt wird, bei genau definierter Qualität ein maximaler Einkaufspreis („Target-Price") ermittelt. Die Entwicklungs- und Einkaufsabteilungen versuchen nun gemeinsam diese Zielpreise zu realisieren.

Heutzutage versuchen viele Einkäufer unter dem Deckmantel der Zielpreis-Strategie raffiniert Preise zu drücken, ohne dass eine entsprechende Recherche durchgeführt wird. Wie das geht? Hier ein entsprechendes Beispiel:

Einkäuferin Maria Dorn hat bei drei Lieferanten ein Spritzgussteil angefragt. Aufgrund früherer Erfahrungen hinsichtlich der Qualität und der Zuverlässigkeit würde sie gerne mit Tikkoplast zusammenarbeiten. Der Außendientsmitarbeiter von Tikkoplast, Wilhelm Kötter, wird zur Nachverhandlung des Angebots eingeladen. Sein Angebotspreis für das Spritzgussteil liegt bei 89 Cent pro Stück.

Was Kötter nicht weiß: Obwohl die Angebote der beiden Wettbewerber mit 86 und 85 Cent nur unwe-

sentlich unter seinem Preis liegen, hat sich Maria Dorn vorgenommen, den Preis um etwa 15% auf rund 76 Cent zu drücken. Blenden wir uns in die Preisverhandlung ein:

Beispiel

Dorn: „Sie haben 89 Cent pro Stück angeboten. Aufgrund einer Marktuntersuchung haben wir aber einen Zielpreis von 72 Cent errechnet. Was sagen Sie dazu?"

Kötter: „72 Cent, das sind ja fast 20% unter unserem Angebot. Das lässt sich sicher nicht realisieren. Anders als viele Wettbewerber führen wir die Entgratung mit..."

Dorn (unterbricht): „Herr Kötter, von der Qualität Ihrer Produkte bin ich überzeugt, sonst hätte ich Sie nicht zu diesem Gespräch eingeladen. Das brauchen wir nicht weiter zu diskutieren. Wenn Sie schon nicht auf unseren Zielpreis einsteigen können, was ist denn bei Ihnen noch möglich?"

Kötter: „Also bestenfalls 85 Cent."

Dorn: „Es freut mich, dass Sie versuchen, eine Lösung zu finden. Allerdings ist Ihr Preis immer noch zu weit von unserem Zielpreis entfernt. Morgen führe ich noch zwei Gespräche mit anderen Lieferanten, deren Erstangebote bereits nahe dem Zielpreis liegen. Wenn Sie da mithalten wollen, brauche ich von Ihnen einen noch besseren Preis."

Kötter: „Unter der Vorausetzung, dass Sie die Losgrößen verdoppeln, kann ich Ihnen auf 83 Cent entgegenkommen."

Dorn: „Eine mögliche Verdoppelung der Losgrößen will ich gerne prüfen. Dennoch liegen unsere Vorstellungen beim Preis deutlich darunter. Ich schlage vor, dass wir unser Gespräch für 15 Minuten unter-

brechen. Sie telefonieren in der Zwischenzeit mit Ihrer Firma und klären, was noch möglich ist. Ich spreche derweilen mit der Einkaufsleitung, ob wir beim Zielpreis nachgeben können. Dann werden wir Ihnen einen neuen Vorschlag unterbreiten."

Mit diesen Worten verlässt Dorn den Konferenzraum. Kötter bespricht sich mit seinem Chef. Man ist sich einig, dass man noch bis 80 Cent, im Notfall auch bis 79 Cent nachgeben will. Nach 15 Minuten wird die Verhandlung fortgesetzt.

Dorn: „Wir haben die Zahlen noch einmal genau unter die Lupe genommen. Es war nicht einfach, unseren Einkaufsleiter zu überzeugen, aber unter Berücksichtigung Ihrer Qualität können wir Ihnen mitteilen, dass wir nicht mehr auf unserem Zielpreis von 72 Cent bestehen. Wir bieten Ihnen an, für 74 Cent bei Ihnen zu bestellen. Einverstanden?"

Kötter: „Das kann ich nicht machen. Ich habe mit meinem Chef gesprochen, und wir können – unter Schmerzen – noch bis 79 Cent runtergehen, aber nur unter der Bedingung, dass wir dann heute noch den Auftrag erhalten."

Dorn: „Ich habe den Eindruck, dass wir jetzt einen großen Schritt weitergekommen sind. Allerdings entspricht Ihr Angebot noch nicht unseren Vorstellungen. Und auch mit Ihrem Wunsch nach der heutigen Auftragsvergabe habe ich ein Problem; schließlich wollen wir morgen noch mit zwei weiteren Lieferanten verhandeln."

Sie zögert kurz, um dann fortzufahren: „Nun gut, ich würde gerne mit Ihnen zusammenarbeiten, und ich vertraue Ihnen. Selbst wenn ich jetzt mit meinem Chef Ärger bekomme: Ich schlage Ihnen einen Kom-

promiss vor. Wie treffen uns in der Mitte, also bei 76,5 Cent. Dann bestelle ich auch sofort per Fax. Einverstanden?"

Mit einem Lächeln reicht sie Wilhelm Kötter die Hand. Nach kurzem Zögern ruft er 77 Cent, und als die Einkäuferin nickt, schlägt er ein...

Dieses Beispiel zeigt eindrucksvoll, dass das Motto: „Wer mehr fordert, bekommt auch mehr!" in der Praxis oft gut funtioniert. Selbst dann, wenn der Forderung die Grundlage fehlt, so wie bei Maria Dorn, die ihren „Zielpreis" nach Gutdünken festgelegt hat. Eine solche Vorgehensweise ist äußerst geschickt:

- Dem Verkäufer wird suggeriert, dass der genannte Zielpreis auf objektiven Zahlen basiert („Marktuntersuchung") – und dass er deshalb eine nicht diskutierbare Größe darstellt.

Zielpreis scheint objektiv zu sein

- Es wird außerdem der Eindruck vermittelt, man kaufe nur zum Zielpreis, unabhängig von anderen Kriterien. Qualität und Leistungsfähigkeit wird vorausgesetzt und spielen deshalb keine Rolle. Dies bringt den Verkäufer in eine äußerst schwierige Verhandlungssituation: Er wird der Möglichkeit beraubt, seinen Preis über Produktvorteile oder Qualitätsaspekte zu verteidigen.

Der Preis allein entscheidet

- Der Einkäufer präsentiert sich in der Verhandlung nicht als Gegenspieler, sondern als Freund und Helfer: Man wolle ja grundsätzlich mit dem Lieferanten zusammenarbeiten. Damit noch nicht genug: Der Einkäufer setzt sich bei seinem Vorgesetzten dafür ein, dass man dem

Gesprächspartner täuscht Bündnis vor

Lieferanten beim Zielpreis entgegenkommt! Na, wenn das nicht jeden Verkäufer überzeugt, dass der Einkäufer ein fairer und kooperativer Verhandlungspartner ist!

- Wenn die Möglichkeiten des Verkäufers nach der Beratung mit seinem Chef ausgereizt sind, kommt der letzte, geniale Schachzug: Der Einkäufer überschreitet scheinbar seine Kompetenzen und nimmt mit seinem Kompromissvorschlag sogar persönlichen Ärger in Kauf. Gleichzeitig werden auf der Beziehungsebene positive Signale gesendet: Die Aussage „Ich will mit Ihnen zusammenarbeiten" verbunden mit dem Reichen der Hand. Auf diese Weise kann der Verkäufer dem Angebot kaum noch widerstehen. Wenn er die positive Beziehungsebene nicht gefährden will, muss er es ihm gleich tun: Seine Kompetenzen ein Stück weit überschreiten und dem Kompromiss zustimmen.

Einladung zur Kompetenzüberschreitung

In vielen Branchen gehört die Zielpreis-Strategie zum Standardrepertoire der Einkäufer. Denn mit dieser Methode lassen sich die Einkaufspreise beträchtlich senken. Das wird auch in Zukunft so bleiben, weil die meisten Verkäufer nicht über eine geeignete Abwehrstrategie verfügen.

Schauen wir uns diesen Fall näher an: Was ist der alles entscheidende Punkt? An welcher Stelle lässt sich die Zielpreis-Strategie aushebeln? An der Argumentation des Einkäufers! Oder richtiger: an seinen Behauptungen. Sie kennen ja den Unterschied zwischen einer Behauptung und einem

Argument: Die Behauptung ist eine Feststellung oder Annahme, die nicht belegt werden kann. Ein Argument hingegen ist anhand von Fakten beweisbar. Die schwierige, ja fast aussichtslose Verhandlungsposition des Verkäufers entsteht erst durch die haltlosen Behauptungen des Einkäufers: Zielpreis basiert auf einer Marktuntersuchung, Wettbewerbsangebote in Zielpreisnähe, Qualität ist kein Thema und so weiter. Deshalb ist die beste Antwort auf die Zielpreis-Strategie:

Zielpreis als Behauptung entlarven

Hinterfragen Sie hartnäckig die Behauptungen Ihres Gesprächspartners.

!

Es ist Ihre einzige Chance, Ihre Verhandlungsposition zu stärken. Hier einige Vorschläge für Ihre Vorgehensweise:

- Greifen Sie den Zielpreis an: *„Wie kommen Sie auf einen Zielpreis von x?"* Oder: *„Anhand welcher Daten haben Sie einen Zielpreis von x errechnet?"* Seien Sie an diesem Punkt ruhig hartnäckig, denn hier entscheidet sich der weitere Verlauf der Verhandlung.

Grundlage des Zielpreises in Frage stellen

- Lassen Sie nicht zu, dass einzig allein der Preis im Fokus der Verhandlung steht: *„Was, außer dem Preis, ist für Ihre Entscheidung von Bedeutung?" – „Aus welchen Gründen?"*

Andere Entscheidungskriterien erfragen

- Versuchen Sie herauszufinden, was es mit den Wettbewerbsangeboten auf sich hat: *„Was meinen Sie mit 'nahe dem Zielpreis'?"* Oder: *„Inwiefern sind die Wettbewerbsangebote mit unserem Angebot vergleichbar?"*

Wettbewerbsangebote hinterfragen

Blockiert Ihr Verhandlungspartner, weil er zu diesen Fragen keine konkrete Auskunft geben will oder kann, liegen die Trümpfe wieder bei Ihnen: Sie können davon ausgehen, dass der Kunde auch zu einem höheren Preis als den von ihm genannten Zielpreis kaufen wird. Bleiben Sie standhaft!

Gesprächspartner nicht bloßstellen

Allerdings müssen Sie noch ein anderes Problem lösen, um den Auftrag zu erhalten: Der Einkäufer muss sein Gesicht wahren können. Wie steht er denn vor Ihnen da, wenn er erst einen Zielpreis fordert, der erheblich unter Ihrem Angebot liegt, um dann doch den ursprünglichen Preis zu akzeptieren? Bauen Sie ihm deshalb eine goldene Brücke. Je goldener sie in den Augen des Einkäufers aussieht, um so größer werden Ihre Chancen, dass der Kunde bei Ihnen bestellt, ohne dass Sie (große) Preiszugeständnisse machen müssen. Hier einige Vorschläge dazu:

Anregungen für „goldene Brücken“

- Legen Sie eventuelle Fixkosten nicht auf den Stückpreis um, sondern berechnen Sie diese extra. Idealerweise entspricht dann der Stückpreis in etwa dem geforderten Zielpreis.
- Bieten Sie dem Kunden ein anderes, günstigeres Produkt aus Ihrem Sortiment an, oder specken Sie Ihre Leistungen ab.
- Verknüpfen Sie Ihr Angebot mit der gleichzeitigen Bestellung eines anderen, für Sie preislich lukrativen Produktes. So lässt sich im Sinne einer Mischkalkulation der Minderpreis für das eine mit einem guten Verdienst für das andere Produkt ausgleichen.

Möchten Sie wissen wie das Gespräch zwischen Wilhelm Kötter und Maria Dorn verlaufen wäre, wenn er den „Zielpreis“ hinterfragt hätte? Dann schauen wir uns das Beispiel unter anderen Vorzeichen noch einmal an:

Verbessertes Beispiel

Dorn: „Sie haben 89 Cent pro Stück angeboten. Aufgrund einer Marktuntersuchung haben wir einen Zielpreis von 72 Cent errechnet. Was sagen Sie dazu?“

Kötter: „Das ist interessant, was Sie da sagen, Frau Dorn. Tikkoplast bietet seit Jahren ein ausgezeichnetes Preis-Leistungs-Verhältnis. Damit das auch in Zukunft so bleibt, beobachten wir den Markt genau und realisieren konsequent Kostensenkungspotentiale. Darf ich fragen, anhand welcher Daten Sie einen möglichen Preis von 72 Cent errechnet haben?“

Dorn: „Äh, wir beobachten den Markt, das heißt, wir holen Wettbewerbsangebote ein...“

Kötter: „Es ist mir völlig klar, Frau Dorn, dass Sie bei einem Auftrag dieser Größenordnung weitere Lieferanten anfragen. Und da hat Ihnen jemand dieses Spritzgussteil für 72 Cent angeboten?“

Dorn: „Das nicht, aber wir bewegen uns dahin.“

Kötter: „Bei unserem Erstgespräch habe ich Sie so verstanden, dass es für Ihr Unternehmen von entscheidender Bedeutung ist, dass diese Präzisonsteile innerhalb geringer Toleranzen exakt gefertigt werden. Ist das richtig?“

Dorn: „Ganz recht.“

Kötter: „Diese Top-Qualität können wir Ihnen garantieren, da wir Ihre Teile mit einer ganz speziellen Fertigungsmethode produzieren. Was genau hat Ihnen denn der Wettbewerb angeboten?“

An dieser Stelle können wir abbrechen. Wie Sie sehen, ist es relativ leicht, die Führung zu übernehmen und das Gespräch weg vom Preis auf Qualitätsaspekte zu verlagern. Und auf diesem Terrain können Sie wieder punkten.

Die Budget-Argumentation

Bei dem Einkäufertrick „Begrenztes Budget" weiß der Verkäufer wie bei der Zielpreis-Strategie nicht, ob die Sachzwänge nur vorgeschoben oder tatsächlich Fakt sind. Das dahinter stehende Prinzip ist in jedem Fall das Gleiche: Man würde ja gerne bei Ihnen kaufen, aber leider liegt Ihr Angebot über dem zur Verfügung stehenden Budget. Auch hier wird dem Verkäufer die Chance genommen, seinen Preis über die besonderen Vorteile seines Produktes zu argumentieren. Bestimmt kennen Sie solche Situationen wie im folgenden Beispiel aus eigener Erfahrung:

Budget stellt Hürde für den Abschluss dar

Beispiel

EDV-Trainer Bernd Bahlsen hat einem mittelständischen Unternehmen eine PowerPoint-Schulung angeboten. Man ist sich grundsätzlich einig, nur nicht beim Honorar:

Schroth: „Ihr Honorar kann ich leider nicht akzeptieren. Das liegt nicht daran, dass ich der Meinung wäre, dass Sie Ihr Geld nicht wert sind, aber unser Budget lässt nur einen Tagessatz von 600 Euro zu."

Bahlsen: „Das deckt ja kaum meine Kosten!"

Schroth: „Tut mir leid. Mir sind die Hände gebunden. Das ist eine Vorstandsentscheidung. Bitte bedenken Sie auch, dass unsere Mitarbeiter in der nächsten

Zeit weitere EDV-Schulungen erhalten sollen, ich denke an Excel und andere Programme. Dies ermöglicht Ihnen sehr interessante Folgeaufträge..."

Bahlsen: „Na gut..."

Schade, dass Bahlsen nicht kreativer nach Lösungen sucht und frühzeitig aufgibt. Gegenüber Vorstandsentscheidungen scheint man halt machtlos zu sein. Stimmt aber nicht. Es gibt viele Wege, trotz „Budgetlimit" seine Preise durchzusetzen. Hier eine Auswahl:

- Prüfen Sie, ob Sie die Ausgaben auf zwei Geschäftsjahre verteilen können, beispielsweise indem der Kunde für dieses Jahr nur einen Teilkauf tätigt und der Rest Anfang des nächsten Jahres geliefert wird. Vielleicht ist es auch möglich, dem Kunden eine Ratenzahlung anzubieten.

Kaufpreis auf zwei Jahre verteilen

- Vielleicht lassen sich die Ausgaben auch auf verschiedene Budgetposten verteilen oder verschieben. Beispiele: Sie weisen Teilleistungen extra aus, die auf ein anderes Budget gebucht werden können, oder Sie geben beim Preis für das Gerät nach, erhöhen aber im Gegenzug die Preise beim Wartungsvertrag. Manchmal erweist sich auch die Salami-Taktik (siehe Seite 119) als brauchbare Lösung.

Andere Budgets miteinbeziehen

- Klären Sie, ob Gegengeschäfte möglich sind, das heißt, der Kunde kann einen Teilbetrag des Kaufpreises mit seinen eigenen Produkten abgelten. Übrigens: Ihr Unternehmen muss für die Produkte Ihres Kunden nicht unbedingt Verwen-

In Naturalien bezahlen lassen

dung haben. Möglicherweise lassen sich die Gegenlieferungen auch gut verkaufen.

Leistung reduzieren oder Alternativprodukt vorschlagen

- Wenden Sie die Streichtaktik an, und reduzieren Sie die Leistungen. Eruieren Sie auch, ob der Kunde Teilleistungen selbst übernehmen kann. Eventuell lassen sich auch die Produktspezifikationen so ändern, dass auf ein ähnliches, aber günstigeres Produkt ausgewichen werden kann.

Budgetlimit in Frage stellen

- Selbstverständlich sollten Sie das Budgetlimit auch hinterfragen, vor allem dann, wenn Sie vermuten, dass es sich lediglich um eine vorgeschobene Behauptung handelt. Holen Sie möglichst viele Informationen ein, um Optionen zu finden, wie Sie das Budgetlimit knacken können. Beispiele: *Wie werden bei Ihnen die Budgets festgelegt und verabschiedet? Wer ist an der Entscheidung beteiligt? Unter welchen Voraussetzungen lassen sich Budgets anpassen? Wer kann die Höhe des Budgets prüfen und gegebenenfalls verändern? Ist es möglich, diese Person zu einem Gespräch einzuladen?*

Zurück zu EDV-Trainer Bahlsen. Von seinem Kollegen Erwin Cyron kann er lernen, wie man es besser macht:

Verbessertes Beispiel

Schroth: „Unser Budget lässt nur einen Tagessatz von 600 Euro zu."

Cyron: „Das lässt sich machen. Zu meinem Tageshonorar von 600 Euro kommen lediglich 30 Euro pro Teilnehmer für die ausführlichen Unterlagen hinzu."

Für den Vorstand sieht es aus, als würde Cyron wie vorgegeben ein Tageshonorar von 600 Euro erhalten, obwohl er 900 Euro kassiert, wenn man von einer durchschnittlichen Gruppengröße von 10 Personen ausgeht. Und falls der Kunde die Unterlagenpauschale nicht akzeptiert? Kein Problem! Sehen Sie selbst:

Cyron: „Ich habe da eine Idee, wie wir das Problem lösen können: Ich sende Ihnen die Teilnehmerunterlagen per E-Mail. Sie drucken diese entsprechend der Teilnehmerzahl aus, besorgen entsprechende Ordner sowie Trennblätter..."

Schroth: „Gut, das lässt sich auf das Budget „Büromaterial" buchen; so können wir es machen!"

Gehen Sie offen und kreativ an das Thema „begrenztes Budget" heran. Tipp: Falls Sie ein umfangreiches Sortiment haben, ist es ratsam, für die verschiedenen Produktgruppen eine Liste von Alternativvorschlägen zu entwickeln. Fragen Sie dazu auch Ihre Kollegen, mit welchen Lösungen sie gute Erfahrungen gemacht haben. So können Sie, wenn es darauf ankommt, auf ein umfangreiches Ideenarchiv zurückgreifen.

Brainstorming mit Kollegen durchführen

Die „Vogel-friss-oder-stirb"-Taktik

Mit einer Variante des „Budgetlimits" versuchen manche Kunden den Verkäufer unter Druck zusetzen. Das klingt dann etwa so: *„4.700 Euro; das ist mein letztes Wort. Entweder Sie akzeptieren diesen Preis oder unsere Zusammenarbeit ist beendet, bevor sie überhaupt angefangen hat!"*

Beispiel

„Ja“ bedeutet Kapitulation

Ein solches Manöver ist auch für Verhandlungsprofis eine harte Nuss. Geht man auf den Vorschlag des Kunden ein, ist das nichts anderes als eine bedingungslose Kapitulation vor der Macht des Kunden. Das schmerzt. Nicht nur, weil man einen miserablen Preis erzielt, sondern auch, weil eine solche Niederlage Ohnmachtsgefühle weckt und das Selbstwertgefühl untergräbt. Darüber hinaus ermutigt der Verhandlungserfolg den Einkäufer, diese Art von Gesprächsführung auch in Zukunft anzuwenden. Dieser kritische Punkt darf keinenfalls unterschätzt werden!

„Nein“ bedeutet Auftragsverlust

Weist der Verkäufer das Preisangebot zurück, bleibt dem Einkäufer nichts anderes übrig, als die Verhandlung tatsächlich abzubrechen. Andernfalls würde er sich der Lächerlichkeit Preis geben. Auch der Königsweg über eine Nutzenargumentation oder wenigstens die Annäherung über einen Kompromiss scheint versperrt, weil der Kunde mit seiner Aussage eine weitere Diskussion ausschließt. Das ist wie im klassischen Drama: Was immer der Held auch unternimmt, er kann der Niederlage nicht entkommen.

Nur gut, dass es sich hier um ein Preisgespräch und nicht um ein klassisches Drama handelt. Es gibt Lösungsansätze, wie Sie diesem Dilemma entkommen können. Aber es ist wahrlich nicht einfach, die Kurve zu kriegen:

- Kontern Sie mit der „Vernebelungstaktik“: Wenn Sie weder „ja“ noch „nein“ sagen dürfen, was bleibt dann noch? Ganz genau: „Vielleicht!“ In der Praxis klingt das dann zum Beispiel so: *„Herr Kunde, Ihr Wunschpreis, den Sie gerade genannt haben, ist eine große Herausforderung. Ich könnte mir vorstellen, dass wir einen Weg finden, wie sich dies annähernd realisieren ließe. Dazu ist es erforderlich, dass wir die folgenden Optionen einmal näher betrachten..."* So gewinnen Sie zunächst einmal Zeit. Da Sie eine Lösung in Aussicht stellen, dürfen Sie sich berechtigte Hoffnung machen, dass sich der Kunde nun doch auf eine weitere Diskussion einlässt.

Dem Ultimatum aus dem Weg gehen

- Sprechen Sie die Einkäufertaktik mit entwaffnender Offenheit an: *„Herr Kunde, Sie setzen mir die Pistole auf die Brust. Bitte sagen Sie mir: Was hat Sie so verärgert, dass Sie mir solch ein Ultimatum stellen?"* Vielleicht ist es für Sie ungewohnt, die „Meta-Ebene" einer Verhandlung anzusprechen. Aber diese Entgegnung hat oft eine verblüffende Wirkung, weil dadurch das Gespräch von der Sachebene (Preis) auf die Beziehungsebene (Verhalten) verlagert wird. Wenn der Kunde noch einen Funken Interesse an Ihnen und Ihrem Angebot hat, wird er auf diese Frage eingehen!

Ultimatum zum Thema machen

- Stellen Sie die Preisfrage zurück und widmen Sie sich anderen Verhandlungspunkten: *„Ich bin mir sicher, dass wir beim Preis eine Lösung finden werden, die für beide Seiten annehmbar ist. Ich schlage vor, dass wir zunächst über die von Ihnen geplanten Abrufmengen sowie über mögliche Boni-Regelungen sprechen. Da wäre*

Vom Thema ablenken

als erstes zu klären, ob...“ Auf diese Weise bleiben Sie zumindest im Gespräch, und eventuell lässt sich das Ultimatum so umgehen.

Alternativen anbieten

- Gehen Sie in die Offensive, und unterbreiten Sie Gegenvorschläge: *„Beim Preis kann ich Ihnen nicht mehr entgegenkommen, dafür biete ich Ihnen an, das erforderliche Verbrauchsmaterial für die ersten vier Wochen zum halben Preis zu liefern“.* („Naturalrabatt-Strategie“)

Notfalls die Verhandlung abbrechen

- Wenn alle Stricke reißen, ziehen Sie sich zurück. Halten Sie sich (und dem Kunden) dabei noch ein Hintertürchen offen: *„Ich bedauere sehr, dass wir uns beim Preis im Moment nicht einigen können. Ich schlage vor, dass wir in einigen Tagen miteinander telefonieren. Vielleicht gibt es bis dahin aus Ihrer oder unserer Sicht neue Erkenntnisse oder Ideen, wie wir zusammenkommen können. Einverstanden?“*

Es mit der Wahrheit nicht so genau nehmen

Gesundes Misstrauen ist hilfreich

Wenn es ums Geld geht, ist es schon verlockend, mit Trickesereien seine Verhandlungsposition zu verbessern. Dabei ist die Grenze von einer subjektiven Interpretation von Fakten über Halbwahrheiten bis hin zur bewussten Täuschung fließend. Solche unfairen Praktiken sind sehr unangenehm, weil sie meistens nicht gleich erkennbar sind. Gott sei Dank kommen sie nicht allzu oft vor. Aber aufgrund der schwierigen wirtschaftlichen Lage in vielen Branchen sollten Sie nicht überrascht sein, wenn ein Kunde sein Heil in solchen Manövern sucht.

Die wirksamste Gegenstrategie ist das Hinterfragen von Behauptungen. Zeigen Sie Ihrem Kunden, dass Sie seine Aussagen Ernst nehmen. Aber achten Sie darauf, ihm nie das Gefühl zu geben, er sei bei einer Unwahrheit ertappt worden. Das vergiftet nur das Gesprächsklima und eine Zusammenarbeit rückt in weite Ferne.

Der Folgeauftrag-Köder

Kennen Sie das: Ihnen werden lukrative Folgeaufträge versprochen, wenn Sie für den aktuellen Auftrag besonders scharf kalkulieren? Mit der Hoffnung, einen Fuß in die Tür zu bekommen, lässt man sich bei der aktuellen Preisverhandlung auf besondere Zugeständnisse ein. Die lukrativen Folgeaufträge, die der Einkäufer in rosigen Farben ausmalt, werden dann schon für üppige Gewinne sorgen. Wenn diese Folgeaufträge jedoch nicht kommen, sieht man mit dem Ofenrohr ins Gebirge. Die Nachlässe sind gewährt, das Geld verschenkt. Dumm gelaufen, nicht wahr?

Vorsicht vor übertriebenen Zukunftschancen

Diese Uralt-Strategie der Einkäufer funktioniert nach wie vor überraschend gut. Gerade in schlechten Zeiten verlassen sich viel zu viele Verkäufer auf das Prinzip Hoffnung. Dabei ist diese Falle einfach zu umgehen, indem man einen Nachlass fest mit künftigen Aufträgen verknüpft. Dies kann beispielsweise über Rahmenverträge geschehen,

Rabatte an Folgeaufträge koppeln

bei denen konkrete Einzelabrufmengen vereinbart werden. Erfolgen die Abrufe nicht fristgerecht oder nicht in der vereinbarten Stückzahl, erfolgt eine Nachbelastung der zu viel gewährten Mengenrabatte. Allerdings könnte eine Rückforderung die Beziehung zum Kunden beeinträchten. Darüber hinaus müssen Sie Ihrem Geld hinterherlaufen.

Rabatte werden gewährt, Boni verdient

Geschickter ist eine Bonus-Regelung: Statt von Beginn an Mengenrabatte zu gewähren, muss sich der Kunde die Boni verdienen: Erst am Jahresende erhält er eine Rückvergütung, wenn bestimmte Umsatzgrößen erreicht wurden. Die Rückvergütung kann als Rückzahlung oder als Gutschrift für zukünftige Rechnungen erfolgen. So sind Sie immer auf der sicheren Seite.

Ungerechtfertigte Reklamationen

Grundsätzlich sind Reklamationen positiv zu sehen: Ein unzufriedener Kunde gibt seinem Lieferanten die Chance, einen Fehler oder einen Mangel zu beheben. Untersuchungen zeigen, dass Reklamationen, die schnell und ganz im Sinne des Kunden bearbeitet werden, sogar die Kundenbindung steigern. Aber was tun, wenn eine Reklamation offensichtlich nur dazu dienen soll, Preise zu drücken?

Jede Reklamation gründlich prüfen

Hier bedarf es viel Fingerspitzengefühl, um die Kundenbeziehung nicht zu gefährden. Bevor Sie die Ansprüche des Kunden zurückweisen, prüfen Sie diese erst gründlich. Nicht auszudenken, was es bedeuten würde, wenn sich eine abgeschmetterte Reklamation im Nachhinein doch als angemessen herausstellt. Folgende Vorgehensweise hat sich in der Praxis bewährt:

- Trennen Sie die Beschwerde unbedingt von laufenden Preisverhandlungen, unabhängig davon, ob es dabei um Folgeaufträge oder ganz andere Produkte geht.

Reklamation gesondert bearbeiten

- Versuchen Sie herauszufinden, warum der Kunde eine unberechtigte Reklamation vorbringt. Je mehr Informationen Sie sammeln, um so besser können Sie Ihren Kunden und sein weiteres Taktieren einschätzen.

Gründe analysieren

- Informieren Sie Ihren Kunden zeitnah, wenn Sie eine Reklamation als ungerechtfertigt ablehnen, und begründen Sie Ihre Entscheidung detailliert und nachvollziehbar.

Ablehnung erläutern

- Klären Sie, ob die Wertigkeit des Kunden eine Kulanzregelung verlangt, um weiterhin mit ihm im Geschäft zu bleiben. Scheuen Sie sich aber nicht, bei notorischen Nörglern und Wiederholungstätern hart zu bleiben, da diese sonst ermutigt werden, diese Strategie auch in Zukunft anzuwenden.

Bei wichtigen Kunden kulant sein

Verweis auf frühere oder übliche Rabatte

Wirklich dreist ist folgende Strategie: Ein Käufer kommt ins Fachgeschäft und behauptet, dass er in dieser Filiale stets 15% Rabatt erhält. Oder dass seinem Bekannten beim letzten Einkauf 20% Nachlass gewährt wurden. Aber auch im B-to-B-Geschäft gibt es solche Manöver: *„Letztes Jahr* *haben Sie mir auf diesen Artikel aber 5% nachgelassen!"* Wobei der Einkäufer wissentlich verschweigt, dass er bei der letzten Bestellung auch eine deutlich größere Menge abgenommen hat, als er diesmal kaufen will. Oder: *„Unser Wettbewerber bekommt bei Ihnen für dasselbe Produkt günstigere Konditionen. Die wollen wir natürlich auch haben, und zwar rückwirkend!"*

Behauptungen auf Wahrheitsgehalt prüfen

Lassen Sie sich von solchen Manövern nicht ins Bockshorn jagen. Seien Sie sich bewusst, dass auch durch ständiges Wiederholen eine Behauptung nicht glaubwürdiger wird. Prüfen Sie solche Aussagen, ob es sich um einen Bluff oder um eine Tatsache handelt. Fragen Sie gegebenenfalls beim Filialleiter oder in der Firmenzentrale nach. Lassen Sie Ihren Gesprächspartner spüren, dass er Ihnen nicht alles erzählen kann, weil Sie den Dingen gewissenhaft auf den Grund gehen.

Aggressives Auftreten und persönliche Angriffe

Verbale Attacken, Diskreditierung Ihrer Person, Unterstellungen und ein verletzender Ton gehören in die unterste Schublade der Verhandlungstechniken. Obwohl solche Methoden nicht allzu oft angewandt werden, sollte man trotzdem wissen, wie man solche Angriffe pariert. Hier ein paar Beispiele, was passieren kann:

Beispiele für unfaire Attacken

- *„Sie sind wohl noch nicht lange im Verkauf tätig, oder?"*

- *„Jetzt sind Sie wohl völlig übergeschnappt? 2 Euro 50 für so ein kleines Teil!“*
- *„Wenn Sie sich schon in unserer Branche nicht auskennen, sollten Sie wenigstens begreifen, dass...“*
- *„Ich glaube, ich muss mal Ihren Vertriebsleiter anrufen und ihm sagen, dass er mir in Zukunft nur kompetente Mitarbeiter schicken soll!“*
- *„Herr Trieb, ab sofort heißen Sie bei mir nur noch Herr Dieb. Sie stehlen mir nämlich meine Zeit und bei Ihren Preisen auch mein Geld!“*
- *„Dass Sie bei diesem Preis nicht rot werden?“*

Starker Tobak, nicht wahr? Wie gehen Sie mit solchen aggressiven Manövern um?

Gegenangriffe sind genauso ungeeignet wie unterwürfiges Verhalten.

!

Mit beiden Verhaltensweisen geben Sie Ihrem Gesprächspartner nur eine Rechtfertigung für sein aggressives Verhalten. Vor allem dürfen Sie solche Ausfälle nicht persönlich nehmen, auch wenn es manchmal schwer fällt! Hier einige Handlungsalternativen für Sie:

- Falls möglich, überhören Sie den Angriff und führen das Gespräch weiter, als wäre nichts geschehen. Ist das nicht gefährlich? Nein, weil Ihr Gesprächspartner das Überhören kaum als unhöflich empfinden kann; er weiß ja selbst, dass er gerade unsachlich oder unfair war. Im Wiederholungsfall müssen Sie allerdings auf die

Unfaire Manöver „überhören“

Bemerkung reagieren, da permantes Überhören als Schwäche ausgelegt werden könnte.

Mit Empathie reagieren

- Zeigen Sie Verständnis für den Kunden, ohne dabei den eigenen Standpunkt aufzugeben. Auf diese Weise positionieren Sie sich als Partner und nicht als Gegner und nehmen Ihrem Gesprächspartner den Wind aus den Segeln: *„Ich kann gut nachvollziehen, dass Sie den günstigsten Preis erzielen wollen. Wir alle müssen auf die Kosten achten. Der Preis umfasst auch eine 6-monatige Vor-Ort-Austauschgarantie..."*

Angriff als Offenheit interpretieren

- Ungewöhnlich, aber sehr wirkungsvoll: Lassen Sie die Attacke ins Leere laufen, indem Sie sie willkommen heißen. Beispiel: *„Ich bin froh, dass Sie diesen Punkt so offen ansprechen... Das gibt mir die Gelegenheit..."*

Sachlichen Kern des Angriffs aufgreifen

- Interpretieren Sie einen persönlichen Angriff als Lösungsansatz. So zwingen Sie Ihren Gesprächspartner wieder zu mehr Sachlichkeit: *„Vielleicht ist an Ihrer Kritik etwas dran. Wie würden Sie meinen Vorschlag abändern, um..."*

Gründe für das unfaire Verhalten erfragen

- Sie können unfaire Manöver auch mit einer Frage parieren: *„Warum sagen Sie das so?"* Oder: *„Was genau meinen Sie jetzt damit?"* Dadurch spielen Sie den Ball wieder an Ihr Gegenüber zurück. Die meisten Kunden werden sich dann für ihre Entgleisung entschuldigen oder sie zumindest relativieren. Einige könnten sich aber auch ermutigt fühlen, den Angriff zu erläutern und noch schärfer zu formulieren. Insofern ist diese Technik nicht ganz ungefährlich.

- Zeigen Sie sich betroffen. Reagieren Sie aber selbstbewusst, und formulieren Sie eine sogenannte ICH-Botschaft (Ich + Gefühl): *„Herr Kunde, ich bin jetzt wirklich überrascht, mit welcher Schärfe Sie das sagen..."* Wichtig: Machen Sie danach eine Pause, damit sich die Wirkung Ihrer Aussage voll entfalten kann.

Offenbaren Sie Ihre Gefühle

- Beleidigungen brauchen Sie sich nicht gefallen zu lassen. Sprechen Sie es sofort freundlich, aber bestimmt an, wenn Ihr Gesprächspartner unverschämt wird: *„Herr Kunde, ich bin gerne gewillt, mit Ihnen eine Lösung zu finden, die beiden Seiten gerecht wird, aber lassen Sie uns das bitte ruhig und sachlich tun."* Bleibt Ihr Verhandlungspartner verletzend und beleidigend, stehen Sie auf und gehen. Zu Wiederholungstätern werden Sie nie ein partnerschaftliches Verhältnis aufbauen können.

Persönliche Ausfälle zurückweisen

Das „Good-Guy-Bad-Guy"-Spiel

Gerade beim Verhandeln von Preisen lassen sich mit dieser unfairen Verhandlungstaktik erstaunliche Erfolge erzielen. Was man dazu braucht sind zwei Einkäufer und... – aber sehen Sie selbst:

Beispiel

Paul Schäfer steht kurz vor dem Abschluss eines Großauftrags, die Preisfrage ist bereits geklärt. In einem letzten Gespräch mit seinem Ansprechpartner Hermann Ott sollen noch einige Details zur Abwicklung besprochen werden. Zu Schäfers Überraschung nimmt der Einkaufsleiter Joachim Keller an dem Gespräch teil. Dieser fordet vehement und in einem rüdem Ton einen – aus Schäfers Sicht utopischen – Nachlass.

Keller: „Sie verlangen für Ihre vier Maschinen insgesamt 230.000 Euro. Ich mache es kurz: Ich bezahle Ihnen auf keinen Fall mehr als 190.000 Euro. Mehr ist definitv nicht drin. Außerdem verlange ich ein Zahlungsziel von 60 Tagen mit 3% Skonto. Andernfalls brauchen wir gar nicht weiterzureden!"

Schäfer: „Aber Herr Keller, ich habe in den Verhandlungen mit Herrn Ott schon weit im Preis nachgegeben. Mehr ist beim besten Willen nicht möglich."

Keller: „Wollen Sie mich für dumm verkaufen? Natürlich ist da noch Luft drin! Ihr Lieferanten seid doch alle gleich! Scheinbar habe ich mich nicht klar ausgedrückt: 190.000 Euro und keinen Cent mehr!"

Schäfer: „Wir möchten mit Ihnen ins Geschäft kommen. Deshalb lehne ich mich jetzt ganz weit aus dem Fenster, und komme Ihnen zum letzten Mal entgegen: 222.000 Euro, mit einem Zahlungsziel von 14 Tagen, rein netto."

Keller: „Ich glaube, ich vertue hier nur meine Zeit. Wenn Sie sich nicht endlich bewegen, wird aus dem Auftrag nichts. Ich hab jetzt keine Zeit mehr, mit Ihnen zu diskutieren. Ich gebe Ihnen noch eine letzte Möglichkeit, Ihr Angebot zu überarbeiten, dann ist meine Geduld zu Ende. Wobei ich nochmal betone: Mehr als 190.000 Euro bezahle ich nicht!"

Mit diesen Worten verlässt Keller den Konferenzraum. Schäfer fühlt sich mies: Der schon sicher geglaubte Auftrag scheint in weite Ferne gerückt. Wenn er dieses Quartal seine Vorgaben erreichen will, braucht er diese Bestellung. Gott sei Dank schlägt sein Ansprechpartner Ott versöhnlichere Töne an.

Ott: „Nun machen Sie nicht so ein Gesicht. Er ist nun mal ein schwieriger Charakter. Glauben Sie mir, auch für mich ist das nicht einfach. Wir stehen unter gehörigem Druck. Wenn wir die Kosten nicht unter Kontrolle bekommen, droht die Geschäftsleitung mit Entlassungen... Übrigens, ich finde, dass Ihre Maschinen genau die richtigen für uns sind. Und mit Ihrer Beratung bin ich auch sehr zufrieden. 222.000 Euro scheinen mir außerdem ein guter Preis zu sein."

Schäfer: „Es freut mich, dass Sie das so sehen."

Ott: „Trotzdem muss ich mich an die knappen Budgets halten. Ich will offen zu Ihnen sein: Unser Budget beträgt 200.000 Euro, und nicht 190.000, wie Herr Keller behauptet hat. Aber mehr können wir definitiv nicht ausgeben."

Schäfer: „Aber Herr Ott, unsere Maschinen sind doch viel besser als die vom Wettbewerb. Und wir gewähren Ihnen zudem für 12 Monate einen 24-Stunden-Austauschservice. Das heißt, falls eine Maschine mal steht, sorgen wir innerhalb eines Tages dafür, dass Sie weiter produzieren können. Garantiert!"

Ott: „Ja, das ist schon ein Vorteil. Was hat denn dieser Service für einen Wert?"

Schäfer möchte den Vorteil als besonders attraktiv darstellen und „korrigiert" den Wert nach oben: „Pro Maschine mindestens 4.000 Euro!"

Ott: „Ich habe die Lösung, Herr Schäfer! Ich bin damit einverstanden, dass wir auf den Austauschservice verzichten. Dann sind wir bei 206.000 Euro. Jetzt ist es nur mehr ein kleiner Schritt bis 200.000. Das schaffen Sie doch, Herr Schäfer. Ich bin bereit, die Bestellung sofort zu unterschreiben. Dann brauchen wir auch nicht mehr zu Herrn Keller..."

Während dieser Worte trägt Ott in ein vorbereitetes Bestellformular handschriftlich 200.000 Euro ein und hält es Schäfer hin...

Schäfer stöhnt: „Meinetwegen."

Der Böse baut Druck auf...

Klick! Da ist die Falle zugeschnappt! Schäfer hat um 30.000 Euro nachgegeben. Dieses gemeine Verhandlungsspiel funktioniert so: Zwei Verhandlungspartner teilen sich die beiden Rollen „der Gute" und „der Böse". Ein ruppig auftretender Einkäufer nimmt eine extreme Verhandlungsposition ein. Eine Einigung scheint unmöglich.

...den der Gute nur geringfügig vermindert

Dann kommt der zweite Einkäufer ins Spiel. Er mimt den Softie, der dem Verkäufer in seiner schwierigen Lage helfen will. Allerdings ist seine im Vergleich zum „Bösen" reduzierte Forderung immer noch zu hoch. Nach den unangenehmen Erfahrungen mit dem „Bad-Guy" erscheint der vertrauenserweckende „Good-Guy" der rettende Strohhalm zu sein, an den man sich in solch einer misslichen Lage gerne klammert. Aus Angst, der „Böse" könnte den „Guten" wieder umstimmen, geht der Verkäufer oft vorschnell auf die überhöhte Forderung ein.

Folgende Tipps helfen Ihnen, bei diesem hinterhältigen Manöver nicht auf die Verliererstraße zu kommen:

Das Spiel erkennen

- Der erste und wichtigste Schritt ist, die Hinterlist zu durchschauen. Seien Sie wachsam, wenn Sie mit zwei Personen verhandeln, die ganz unterschiedlich auftreten.

- Behalten Sie die Fassung, wenn der „Böse" angreift und unrealistische Forderungen stellt. Hören Sie sich in Ruhe an, was er zu sagen hat.

Ruhig bleiben

- Seien Sie misstrauisch, wenn sich der zweite Verhandler besonders freundlich und konziliant zeigt. Widerstehen Sie der Versuchung in diesem Gesprächspartner einen Verbündeten zu sehen.

Vorsicht vor falschen Freunden

- Verhandeln Sie ausschließlich mit dem „Guten". Es ist ratsam, auf die überzogenen Forderungen des „Bösen" gar nicht einzugehen.

Forderung des „Bösen" ignorieren

- Lassen Sie sich niemals unter Zeit- oder Entscheidungsdruck setzen. Verschaffen Sie sich Bedenkzeit, um nicht unüberlegt Vorschläge anzunehmen, die sich später als unvorteilhaft für Sie herausstellen: *„Das ist ein interessanter Vorschlag, den ich gerne in Ruhe prüfen werde. Ich schlage vor..."*

Bedenkzeit ausbitten

- Denkbar ist auch, der Gegenseite mitzuteilen, dass man ihre Strategie durchschaut hat. Sagen Sie mit einem Lächeln: „Ich finde es großartig, wie Sie die *„Good-Guy-Bad-Guy-Strategie" umsetzen. Ich schlage vor, dass wir uns aber jetzt wieder den Realitäten widmen..."* Das setzt natürlich voraus, dass Sie das „Spiel" sicher erkannt haben...

Die Strategie entlarven

Zusammenfassung

- Stellen Sie sich in Preisverhandlungen auf einen Kampf mit harten Bandagen ein. Um so schöner, wenn es dann gar nicht so schlimm kommt.
- Vereinbaren Sie lieber einen neuen Termin, als sich in einer Verhandlung unter Zeitdruck setzen zu lassen.
- Hinterfragen Sie Behauptungen Ihres Gesprächspartners hartnäckig. Lassen Sie sich die Berechnungsbasis von „Zielpreisen“ erklären, bevor Sie diese akzeptieren.
- Entwickeln Sie kreative Lösungen, wie Sie bei „Budget-Limits“ Ihre Preise durchsetzen können, zum Beispiel indem Sie Ihre Leistungen zeitlich strecken oder so aufteilen, dass sie auf verschiedene Budgets gebucht werden können.
- Falls Ihr Gesprächspartner mit Abbruch der Verhandlung droht, sofern Sie seinen Vorschlag nicht annehmen, sollten Sie dem Ultimatum geschickt ausweichen oder die Drohung offen ansprechen (Meta-Kommunikation).
- Lassen Sie sich von bloßen Versprechungen hinsichtlich lukrativer Folgeaufträge nicht blenden. Vereinbaren Sie Boni-Regelungen, durch die sich der Kunde Mengenrabatte erst verdienen muss.
- Trennen Sie Beschwerden unbedingt von laufenden Preisverhandlungen, unabhängig davon, ob sie gerechtfertigt sind oder nicht.
- Reagieren Sie auf aggressives Auftreten selbstbewusst, und bleiben Sie konstruktiv. Beleidigt man Sie, brechen Sie im Wiederholungsfall das Gespräch ab.
- Seien Sie wachsam, wenn Sie hinter der Vorgehensweise Ihrer Verhandlungspartner das „Bad-Guy-Good-Guy“-Spiel vermuten. Bitten Sie um Bedenkzeit, um übereilte Entscheidungen und Zugeständnisse zu vermeiden.

Zum Abschluss

Viele Tipps und Anregungen in diesem Buch werden Sie mit einem Kopfnicken bestätigt haben: „Ja, das mache ich bereits!“ Andere werden Ihre Neugier geweckt haben: „Das probiere ich einmal aus.“ Und bei wieder anderen klappt es mit der Umsetzung in der Praxis nicht ganz so leicht, wie Sie sich das wünschen. Das ist ganz normal. Es ist eh besser, sich nicht zu viel auf einmal vorzunehmen. Viel wichtiger ist es, beständig dran zu bleiben und seine Verkaufsfähigkeiten Schritt für Schritt zu optimieren.

Kontinuität zählt

Falls Sie das Gefühl haben, dass Sie mit Unterstützung Ihre Ziele leichter, schneller und besser erreichen, dann holen Sie sich einen Sparringspartner, Mentor, Coach oder Trainer. Wenn wir Ihnen dabei helfen können, kommen Sie auf uns zu. Wir von SellingPower haben es uns zur Aufgabe gemacht, Menschen und Teams zu Spitzenleistungen zu führen. Viele mittelständische Unternehmen wie internationale Konzerne greifen auf unser Trainings-Know-how zurück, wenn anspruchsvolle Ziele in Verkauf- und Vertrieb zu erreichen sind. Bis heute haben wir über 14.000 Mitarbeiter aus allen Branchen erfolgreich trainiert. Professionell und praxisnah. Gerne beraten und förden wir auch Sie und Ihr Verkaufsteam.

Besuchen Sie uns im Internet unter
www.SellingPower.de.
Wir freuen uns über Ihre Anfrage.

Literaturhinweise

Fett, Joshua: Die Mehr-Wert-Strategie. So setzen Sie höhere Preise beim Kunden durch, Verlag moderne industrie, Landsberg 1999

Gordon, Josh: Die Macht des Kunden und wie Sie ihn trotzdem kriegen, Gabler Verlag, Wiesbaden, 2001

Schnappauf, Rudolf A.: Verkaufspraxis, Verlag moderne industrie, Landsberg, 3. Auflage 2000

Thieme, Kurt H.: Das ABC des Verkaufserfolgs. Kompaktes Verkaufswissen von A - Z, mvg Verlag, Landsberg, 3. Auflage 2000

Thieme, Kurt H.: Das ABC des Selbstmanagements. Von Anti-Stress-Techniken bis Zeitplanung, Gabler Verlag, Wiesbaden 1995

Thieme, Kurt H.: Easy Selling. Mentale Strategien für Top-Verkäufer, Gabler Verlag, Wiesbaden 1994

Thieme, Kurt H. und Steffen, Wolfgang: Call Center. Der professionelle Dialog mit dem Kunden, Verlag moderne industrie, Landsberg, 2. Auflage 2002

Ziglar, Zig: Der totale Verkaufserfolg. Die Geheimnisse des erfolgreichen Geschäftsabschlusses, Verlag moderne industrie, Landsberg, 8. Auflage 2002

Stichwortverzeichnis

Autorenportraits

Nach einer Karriere in Marketing und Vertrieb gründete Kommunikationsbetriebswirt (BAW) **Kurt H. Thieme** 1990 die Thieme Training Gesellschaft für Unternehmensberatung mbH mit Sitz in Uffing am Staffelsee. Acht Jahre später rief er das Competence-Network SellingPower ins Leben, das er bis heute leitet. Laut der Zeitschrift „Sales-Business“ gehört der „Trainer-Profi“ zu den führenden Verkaufs- und Motivationstrainern im deutschsprachigen Raum.

Zehn Jahre Hochleistungssportkarriere und acht Jahre erfolgreiche Vertriebserfahrung waren für **Rainer Fischer** der Ausgangspunkt, sich 1999 dem Competence-Network SellingPower anzuschließen. Nach einer fundierten Ausbildung zum Verkaufstrainer zählt er von der ersten Stunde an zu den erfolgreichsten Trainern im Netzwerk.

In verschiedenen Unternehmen und Bereichen der Telekommunikation hat **Michael Sostmann** den Vertrieb von der Pike auf gelernt. Er verfügt über 14 Jahre Erfahrung im Vertrieb und hat als Vertriebsleiter in mehreren Unternehmen seine Mitarbeiter zu außergewöhnlichen Erfolgen geführt. Nach seiner Ausbildung zum zertifizierten Verkaufstrainer ist er seit 2002 Area Manager bei SellingPower.